JN238454

成美堂出版

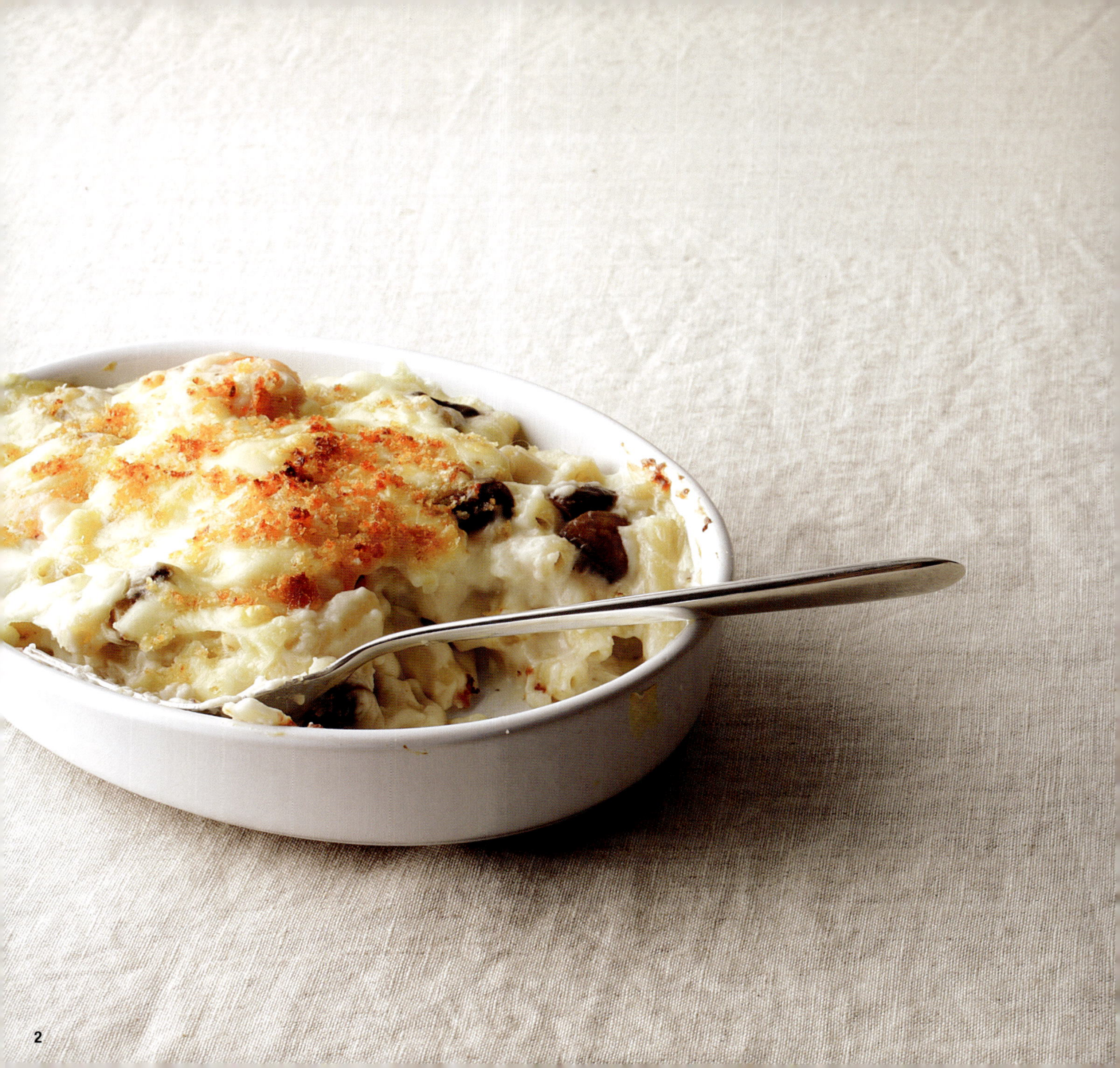

はじめに

グラチネ。この言葉、耳にやさしく響くけれど、何のこと？ですよね。
グラチネとは、フランス語で料理の表面に焼き色をつけること。
パン粉やチーズ、バター、溶き卵などをかけたり、塗ったりして、
オーブンやサラマンドル（上火だけのオーブン）で加熱する調理法を意味します。
もうお気づきでしょ!?　これって、大人も子どももみんなが大好きな"グラタン"です。
グラタンはもともと、グラチネによって表面にできる焼き色をした皮膜を指す語。
これが料理名としても用いられるようになりました。
日本では下ごしらえをした具材とホワイトソースを合わせ、
チーズとパン粉をふって焼いたものが一般的ですが、それはグラタンのほんの一部。
手間がかかって難しい……そのイメージをヒョイと飛び越えて、
こんがりきれいな焼き色をつけた料理ともっと自由に、親密になれるように、
この本では"グラチネ"という言葉を使うことにしました。
焼きっぱなしのシンプルレシピから、手作りソースの本格派まで、
普段はもちろんのこと、おもてなしにも使えるグラチネをたっぷりご紹介します。

この本が、奥深いグラチネ・ワールドへの良きガイドとなりますように。

荒木 典子

熱々を召し上がれ
グラチネ
Contents

chapitre 1
まずはグラチネしてみよう！

野菜をグラチネ！

- 2 はじめに
- 8 グラチネする！
- 10 おいしく作るためのQ&A

- 12 トマトとモッツァレラのグラチネ
- 14 アスパラガスのビスマルク風グラチネ
- 15 アボカドとツナのグラチネ
- 16 なすと玉ねぎのカレー風味グラチネ
  ズッキーニとじゃがいものクミン風味グラチネ
- 17 きのこと鶏レバーのグラチネ
  ほうれん草とゆで卵のグラチネ
- 18 じゃがいものグラチネ
- 19 カリフラワーとじゃがいものバゲットグラチネ
- 20 丸ごと玉ねぎのグラチネ
- 22 アッシェ・パルマンティエ
- 23 ラタトゥイユライスのグラチネ
- 24 肉詰めれんこんのグラチネ チーズクランブルのせ

魚介をグラチネ！

- 26 いわしとトマトのグラチネ
- 28 サーモンとポテトのヨーグルトグラチネ
- 29 たことじゃがいものプロヴァンス風グラチネ
- 30 かにの甲羅焼き
- 32 オイルサーディンとズッキーニのグラチネ
  帆立貝ときのこのグラチネ
- 33 えびとアスパラガスのグラチネ
  たらとじゃがいものグラチネ
- 34 殻つきかきのグラチネ

chapitre 2
4つのソースでグラチネする

I. ホワイトソース

- 40 ホワイトソース
- 41 レンジ de ホワイトソース
  豆乳ホワイトソース
  ノンオイルホワイトソース
- 42 鶏肉とマカロニのグラチネ
- 44 サーモンと玉ねぎのグラチネ
- 45 アンディーブとハムのグラチネ
- 46 えびとズッキーニのドリア
- 47 鶏肉とねぎとブルーチーズのグラチネ
- 48 コキーユ・サン・ジャック
- 50 ごぼう入りキーマカレーのパン・ド・グラチネ

II. トマトソース

- 52 トマトソース
- 53 ミートソース
  トマトクリームソース
- 54 米なすのパルマ風グラチネ
- 56 豆とキャベツ、ソーセージのグラチネ
- 57 フラメンカ・エッグ
- 58 ラザニア
- 60 えびとペンネのトマトクリームグラチネ
- 61 魚介のピリ辛ラグードリア

III. サバイヨン

- 62 サバイヨン・サレ
  サバイヨン・シュクレ

IV. フラン

- 63 フラン・サレ
  フラン・シュクレ
- 64 かきとほうれん草のグラチネ サバイヨン仕立て
- 65 鯛のグラチネ サバイヨン仕立て
- 66 帆立貝とかぶのフラン
- 68 かぼちゃとブルーチーズのフラン
- 69 きのこと栗のフラン

憧れのあの一品 🍽

- 70 オニオングラタンスープ
- 72 時短タイプのオニオングラタンスープ
- 74 きのこのつぼ焼き
- 76 きのこのスープ パイ包み焼き

chapitre 3
日本のグラチネ

- 78 なすの田楽
- 80 豆腐のラザニア
- 82 お麩のすき焼き風グラチネ
- 83 大根のゆず肉みそ田楽
- 84 鶏肉と里いものグラチネ 豆乳仕立て
- 85 かにときのこの和風ドリア
- 86 冬野菜のグラチネ 酒かす仕立て
- 88 お餅のたらこチーズグラチネ
- 89 焼きおむすび風グラチネ

chapitre 4
デザートもグラチネで！

- 92 りんごとプルーンのグラチネ
- 94 フルーツのグラチネ サバイヨン仕立て
- 96 バナナのアーモンドクランブル
- 97 さつまいもの甘酒フラン
- 98 チェリークラフティ
- 100 レモンメレンゲ
- 102 アーモンドパンペルデュ
- 103 クレームブリュレ
- 104 チョコレートスフレ
- 106 生麩のあずきグラチネ

- 36 ミックスパン粉マニュアル
- 108 クランブルマニュアル

- 38 仕上げの香味オイル
- 90 チーズカタログ
- 110 オーブンウェアガイド

この本の使い方

◇ 材料表、作り方の計量単位は、小さじ1=5ml、大さじ1=15ml、1カップ=200ml容量です。1ml=1ccです。

◇ 材料の(2人分)とあるのは、でき上がりのおおよその分量です。少量では作りにくい料理などは、(作りやすい分量)としてあります。

◇ 適量はちょうどよい量を入れる、適宜は入れても入れなくてもよい、という意味です。

◇ 本書では焼く際にオーブンを使用していますが、オーブントースターでも構いません。ただし焼き色がつくのが早いので、表面に焦げ目がついたらアルミホイルをかぶせて焼き上げるとよいでしょう。焼き時間は表記の時間を目安にしてください。

◇ オーブンは電気オーブン(オーブンレンジ)を使用しています。お使いの機種によって加熱温度、加熱時間、焼き上がりの状態が異なります。表記の時間を目安に、様子を見ながら調整してください。

◇ 電子レンジの加熱時間は、600Wを目安にしています。700Wなら0.8倍、500Wなら1.2倍の時間を目安に加減してください。ラップの有無はお使いの機種に基準がある場合は、それを優先してください。

◇ 材料は、特別な表記がない場合は、塩は精製塩(できれば天然塩)、こしょうは粗びき黒こしょう、オリーブ油はエキストラ・バージン・オリーブ油、バターは食塩不使用バター、砂糖は上白糖、しょうゆは濃口しょうゆ、みそは好みのみそ、酢は米酢、みりんは本みりん、酒は日本酒です。加塩バターを使う場合は、加える塩の量を調整してください。また、みそは商品によって塩分が異なりますので、味をみて加減してください。

◇ 卵はMサイズを使用しています。

◇ 材料表、作り方のパルミジャーノは、パルミジャーノ・レッジャーノを短縮表記したものです。使用するチーズに関しては、チーズカタログ(p.90)を参照してください。

◇ にんにく1かけ、しょうが1かけは、それぞれ約10gです。ねぎは3cmが約10g。これらをみじん切りにすると約大さじ1になります。

◇ 作り方の火加減は、特に表記のないものは中火で調理してください。

◇ 作り方は、特別な表記がない場合は、野菜を洗う、皮をむくなどの下ごしらえはすませたあとの手順を説明しています。

グラチネする！

ホワイトソースと炒めた具材を合わせて、オーブンで焼く——
グラチネ作りは意外とシンプル。
ここでベーシックな流れをチェックしておきましょう。

えびとマカロニのグラチネ

材料（2人分）
- えび（殻つき）…大6尾
- 玉ねぎ…1/4個
- マッシュルーム…5個
- マカロニ…50g
- ホワイトソース…200g
- シュレッドチーズ…適量
- チーズパン粉…基本の分量
- バター…10g
- 塩、こしょう…各適量

→ オーブンを230℃に予熱する。
→ p.40～41を参照してホワイトソースを作る。
→ p.36を参照してチーズパン粉を作る。

具材の下準備
→ えびは殻をむいて背わたを取る。
→ 玉ねぎは薄切りにし、マッシュルームは4つ割りにする。
→ マカロニは塩ひとつかみを加えた熱湯で芯が残らないようにゆで、ざるに上げて水気をきる。

1 pas
ソースを作る

p.40～41を参照して、好みのホワイトソースを作る。基本は、溶かしたバターに薄力粉を入れて弱火でしっかり炒め、火からおろして温めた牛乳を少しずつ加えてそのつどよく混ぜ合わせ、再び弱火にかけてとろみがつくまで煮る。

memo●焦がすのは禁物！ バターも薄力粉も焦げやすいので注意してください。クリーミーで白いソースに仕上げるには、決して目を離さないこと。これさえ守れば、ソース作りの90%はクリアです！

2 pas
具材を炒める

フライパンにバターを溶かし、玉ねぎを炒める。火が通りしんなりしたらえびとマッシュルームを加えて炒め合わせ、軽く塩、こしょうをする。

Gratiner

3 pas
ソースと合わせる

炒めた具材にホワイトソースとゆでたマカロニを加えて混ぜ合わせ、全体になじんだら塩、こしょうで味をととのえる。

4 pas
トッピングをする

耐熱容器に入れ、シュレッドチーズをたっぷり散らし、p.36を参照して作ったチーズパン粉を全面にふりかける。

memo・チーズやミックスパン粉は好みのもので構いません。このトッピングで、食感、風味、そして味わいがググッとアップします。耐熱容器には、バターなどを塗らなくて大丈夫。

5 pas
焼く

予熱した230℃のオーブンに入れ、表面にきれいな焼き色がつくまで10分ほど焼く。

memo・グラチネは焼き色が命！ こんがりとおいしそうな焼き色がつくまで、様子を見ながら焼きましょう。

おいしく作るための Q&A

Q ホワイトソースにダマができてしまいます。

A ダマの原因は、小麦粉（薄力粉）が糊化して固まってしまうから。バターでよく炒めることで粉の粒子がバターでコーティングされて、牛乳を加えても粉同士がくっつかずダマになりません。ただし、冷たい牛乳を一気に加えると、その部分が固まってダマになりやすくなります。「弱火」で「焦がさないように混ぜながら」「サラサラの状態になるまで」炒め、「牛乳を加える前に粗熱を取り」「温めた牛乳を少しずつ加えて泡立て器でよく混ぜる」がなめらかに仕上げるポイントです。

Q 時間がたっても表面に焼き色がつきません。

A オーブンは必ず設定温度まで予熱してから焼きましょう。レシピの温度はあくまでも目安と考え、表面に香ばしい焼き色がついたら取り出すようにします。焼き色がつきすぎる場合は、途中でアルミホイルをかぶせてください。その際は、やけどに注意して作業をしてください。

Q 焼きムラができてしまいます。

A 途中で天板の前後の向きを入れ替えたり、容器の位置を変えるなど、様子を見ながら調整してみましょう。なお、加熱中にオーブンの扉を開けると庫内の温度が一気に下がってしまいます。作業は天板を取り出して素早く扉をしめて行いましょう。

Q 焼き色がついているのに、中まで火が通っていませんでした。

A 電気オーブンの場合、200℃に設定しても、庫内の温度は180℃というように、設定温度より実効温度が低くなりやすい傾向にあります。このような場合は、レシピの設定温度より20℃ほど高めに設定し、焦げ目がついてきたらアルミホイルをかぶせて焼きましょう。

Q ホワイトソースのカロリーが気になります。

A p.41で豆乳ホワイトソースやノンオイルホワイトソースの作り方を紹介しています。好みのホワイトソースで、グラチネを作ってください。また、れんこん（p.80）や山いも（p.85）を使った和風ホワイトソースなどもおすすめです。

Q ガスオーブンでも同様に作れますか？

A もちろん大丈夫です。ただし、ガスオーブンは電気オーブンに比べて高温になりやすく、設定時間に合わせると焦げてしまうことがあります。そのような場合は、温度を10℃ほど低めに、焼き時間も短めに設定し、様子を見ながら焼いてください。

chapitre

1

まずはグラチネ
してみよう！

野菜をグラチネ！

どんな野菜も香ばしい焼き色がつくまでしっかり焼くと、水分がほどよく飛んで、力強い味わいになります。シンプルな調理で野菜のうまみを引き出す。それがグラチネ。

トマトとモッツァレラのグラチネ

ひと焼きしたトマトにモッツァレラをのせて、トロリとさせればでき上がり。
簡単すぎて、おいしすぎる一品。

材料（2人分）

- トマト…2個
- モッツァレラ…1個（130g）
- アンチョビ（フィレ）…2枚
- A ┌ パン粉…大さじ2
  │ おろしにんにく…小さじ1/4
  └ オリーブ油…小さじ1/2
- パセリのみじん切り…少量
- 塩、こしょう…各適量
- オリーブ油…小さじ2

■ オーブンを230℃に予熱する。

1 野菜の下ごしらえ
トマトはへた部分をくりぬいて横半分に切り、キッチンペーパーで水気をふき取る。

2 トッピングの準備
モッツァレラは4等分の輪切りにする。Aの材料を混ぜ合わせる。

3 下焼き
トマトを耐熱容器に並べて塩、こしょうをし、アンチョビをちぎって均等にのせてオリーブ油を回しかけ、230℃のオーブンで6分ほど焼く。

4 本焼き
2のモッツァレラをのせてにんにくパン粉とこしょうをふりかけ、再び230℃のオーブンで、パン粉に焼き色がつくまで6分ほど焼き、パセリのみじん切りを散らす。

Gratiner des legumes *chapitre1*

アスパラガスの ビスマルク風グラチネ

半熟に焼いた卵のとろっとした黄身を
からめていただく、イタリアの定番レシピ。
アスパラガスのおいしい季節にぜひどうぞ。

材料(2人分)

グリーンアスパラガス…10本
卵…2個
パルミジャーノ(すりおろす)…適量
塩、こしょう…各適量
オリーブ油…小さじ2

オーブンを230℃に予熱する。

作り方

1 アスパラガスは器の長さに合わせて切り、ピーラーで下の方のかたい皮をむく。

2 耐熱容器に**1**を5本ずつ並べ入れ、塩、こしょうをしてオリーブ油を回しかけ、230℃のオーブンで6分ほど焼く。

3 卵を小さな容器(ボウルなど)に割り入れ、それぞれの器のアスパラガスの上にそっと流し、軽く塩、こしょうをしてパルミジャーノをふりかけ、温度を200℃に下げたオーブンで卵が半熟状態になるまで8分ほど焼く。

アボカドとツナのグラチネ

アボカドは火を入れると、ほっくりねっとりとした食感に。
フレッシュとはひと味違う、クリーミーな味わいが新鮮です。

材料（2人分）
アボカド…大1個
ツナ（缶詰）…80g
玉ねぎのみじん切り…大さじ1
マヨネーズ…適量
塩、こしょう…各適量

■ オーブンを230℃に予熱する。

作り方

1 アボカドは種に沿って1周切り込みを入れ、手でねじって2つに分け、種に包丁の角を刺して取り除き、軽く塩、こしょうをする。

2 ボウルにツナと玉ねぎのみじん切りを入れ、マヨネーズ大さじ1、塩、こしょう各少々を加えて混ぜ合わせる。

3 アボカドの種を取り除いたへこみに**2**を詰め、マヨネーズをかけてこしょうをふる。

4 天板にくしゃくしゃ（またはリング状）にしたアルミホイルを置き、**3**をのせて安定させ、230℃のオーブンで焼き色がつくまで8分ほど焼く。

なすと玉ねぎのカレー風味グラチネ

焼いたカレーの香ばしい香りが食欲を刺激します。

材料(2人分)
なす…2本
玉ねぎ…1/2個
カレー粉…小さじ1
水…100ml
ブイヨンキューブ…1/5個
A［パン粉…大さじ2
　　オリーブ油…小さじ1/2］
塩、こしょう…各適量
オリーブ油…小さじ1

オーブンを230℃に予熱する。

作り方

1 なすは縦6等分に切る。玉ねぎは2cm幅のくし形切りにする。

2 Aの材料を混ぜ合わせる。

3 フライパンにオリーブ油を熱し、玉ねぎとなすを炒める。全体がしんなりしたらカレー粉を加え、混ぜ合わせる。

4 分量の水、ブイヨンキューブを加え、なすがやわらかくなったら塩、こしょうで味をととのえ、汁気がほとんどなくなるまで煮詰める。

5 耐熱容器に**4**を入れて**2**をふりかけ、230℃のオーブンでパン粉に焼き色がつくまで6分ほど焼く。

ズッキーニとじゃがいものクミン風味グラチネ

エキゾチックな香りが立ちのぼるクミンを使って。

材料(2人分)
ズッキーニ…1本
じゃがいも…1個
クミンシード…小さじ1/2
A［パン粉…大さじ2
　　オリーブ油…小さじ1/2］
塩、こしょう…各適量
オリーブ油…小さじ1

オーブンを230℃に予熱する。

作り方

1 じゃがいもは皮ごと水からやわらかくなるまでゆでて、7mm厚さの半月切りにする。

2 ズッキーニは7mm厚さの輪切りにし、軽く塩をふって10分ほどおいて水分をふき取る。

3 Aの材料を混ぜ合わせる。

4 耐熱容器に**1**と**2**を平らに並べ入れ、塩、こしょうをしてクミンシードをふり、オリーブ油を回しかけて、230℃のオーブンで10分ほど焼く。途中で重なりを入れ替えるなどして、全体に均等に火を通す。

5 **4**を取り出して具をきれいに並べ替え、**3**をふりかけて再び230℃のオーブンでパン粉に焼き色がつくまで6分ほど焼く。

Gratiner des legumes *chapitre1*

きのこと鶏レバーのグラチネ

バルサミコ酢のまろやかな酸味でメリハリのある味わいに。

ほうれん草とゆで卵のグラチネ

バターソテーしたほうれん草に、半熟卵とチーズをのせてオーブンへ。

材料(2人分)

鶏レバー…200g
エリンギ…1本
まいたけ…1/2パック
A ┌ 玉ねぎのみじん切り
　　　　…1/4個分
　└ にんにくのみじん切り
　　　　…1かけ分
B ┌ パン粉…大さじ2
　│ パセリのみじん切り
　│　　…小さじ1
　└ オリーブ油…小さじ1/2
バター…30g
ブランデー…大さじ2
バルサミコ酢…大さじ2
塩、こしょう…各適量

■ オーブンを230℃に予熱する。

作り方

1 鶏レバーは2cm角に切って血のかたまりや筋を除き、氷水に10分ほどさらして血抜きをし、水気をふき取る。水は数回換える。

2 エリンギは食べやすく切り、まいたけは石づきを切り落とし、手でさく。

3 Bの材料を混ぜ合わせる。

4 フライパンにバターを溶かしてAを炒め、玉ねぎが透き通ったら2を加えて炒め合わせる。

5 1を加えて炒め、色が変わったらブランデー、バルサミコ酢を加え、塩、こしょうで調味する。

6 耐熱容器に5を入れて3をふりかけ、230℃のオーブンでパン粉に焼き色がつくまで6分ほど焼く。

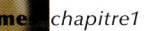

材料(2人分)

ほうれん草…1/3束
卵…2個
バター…5g
シュレッドチーズ…適量
塩、こしょう…各適量

■ オーブンを230℃に予熱する。

作り方

1 卵は室温にもどし、熱湯から8分ほどゆでて半熟卵にし、冷水にとって殻をむく。

2 ほうれん草は5cm長さに切る。

3 フライパンにバターを熱し、2を炒めて塩、こしょうで味をととのえる。

4 耐熱容器に3を分け入れて1をのせ、塩、こしょうをしてシュレッドチーズをのせ、230℃のオーブンでチーズが溶けて薄く焼き色がつくまで7分ほど焼く。

じゃがいものグラチネ

みんなが大好きなじゃがいものグラチネ。
ほくほくで滋味あふれる味わいは、
肉料理のつけ合わせにもぴったりです。

材料(2人分)

じゃがいも…2〜3個
グリュイエール…80g
＊細切りタイプでもよい。
生クリーム…100ml
塩、こしょう…各適量

オーブンを200℃に予熱する。

作り方

1 グリュイエールはすりおろす。

2 じゃがいもは皮をむいて3mm厚さの輪切りにする。

3 耐熱容器にじゃがいもを平らに並べてごく軽く塩、こしょうをし、グリュイエールを散らす。これを繰り返して層にする。

4 生クリームを注ぎ入れ(**a**)、ラップをふんわりとかけて、電子レンジで5分ほど加熱する。

5 ラップをはずし、200℃のオーブンで焼き色がつくまで20分ほど焼く。

カリフラワーとじゃがいもの
バゲットグラチネ

カリフラワーとじゃがいもにチーズを溶かし混ぜ、バゲットにのせて焼き上げます。熱々はもちろん、冷めてもおいしいパン ド グラチネ。

材料（2人分）

バゲット…1/4本
カリフラワー…1/5株
じゃがいも…1個
ベーコン（かたまり）…30g
牛乳…80ml
ブイヨンキューブ…1/4個
バター…5g
シュレッドチーズ…30g
塩、こしょう…各適量

■ オーブンを230℃に予熱する。

作り方

1 バゲットは横半分に切る。

2 カリフラワーは小房に分け、塩少々を加えた湯で軽くゆでる。

3 じゃがいもとベーコンは1cm角に切る。

4 小鍋にバターを溶かし、ベーコンを炒める。ベーコンの脂が透き通ったらカリフラワーとじゃがいもを加えてさっと炒める。

5 牛乳とブイヨンキューブを加え、じゃがいもがやわらかくなるまで煮て塩、こしょうで調味し、シュレッドチーズの半量を入れて煮溶かす。

6 バゲットに**5**をのせ、残りのシュレッドチーズをのせる。

7 天板にくしゃくしゃにしたアルミホイルを置き、**6**をのせて安定させ（**a**）、230℃のオーブンで焼き色がつくまで6分ほど焼く。

Gratiner des legumes *chapitre1*

丸ごと玉ねぎのグラチネ

甘くてとろっとした黄金色の丸ごと玉ねぎ。
皮つきのまま焼くことで蒸し焼き状態になり、
しっとりジューシーに仕上がります。

材料(2人分)
玉ねぎ…2個
▶皮つきのまま根元を切って座りをよくし、上部を平らに切る
ベーコン…2枚
▶1枚は長さを半分に、1枚は1cm幅に切る
ゴーダ(スライス)…2枚
塩、こしょう…各適量
オリーブ油…適量

🔥オーブンを230℃に予熱する。

Advice
玉ねぎは電子レンジで加熱して芯までやわらかくしてからオーブンでこんがり焼き上げます。これで時間短縮。15分ほどでとろっとやわらかく甘い玉ねぎの丸焼きができます。味つけの塩、こしょうはしっかりと。オーブンに入れてチーズが溶ければ完成です。

1 玉ねぎの下ごしらえ
上下を切り落とした玉ねぎをラップで包み、電子レンジで全体がやわらかくなるまで(さわるとフニャッとする)5分ほど加熱する。

2 ベーコンを詰める
芯の部分を箸などで引き抜き、長さを半分にしたベーコンをくるくると巻いて穴に詰める。

3 下焼き
2に塩、こしょうをしてオリーブ油をかけ、1cm幅に切ったベーコンをのせ、天板に並べて230℃のオーブンで5分ほど焼く。

4 本焼き
オーブンから**3**をいったん取り出してゴーダをのせ、再び230℃のオーブンでチーズが溶けて薄く焼き色がつくまで5分ほど焼く。

Gratiner des legumes *chapitre1*

アッシェ・パルマンティエ

マッシュポテトとひき肉で作る、フランスの伝統的な家庭料理。懐かしくて素朴でやさしい味は、まさにフランス版肉じゃが!?

材料(2〜3人分)
合いびき肉…300g
玉ねぎ…1/2個
じゃがいも…3個
牛乳…100ml
A [塩、しょうゆ…各小さじ1
    こしょう、ナツメグ…各適量]
B [バター…20g
    塩、こしょう…各適量]
パルミジャーノ(すりおろす)…適量
サラダ油…小さじ1

オーブンを230℃に予熱する。

作り方

1 玉ねぎはみじん切りにする。じゃがいもは皮をむいて4〜5等分に切り、水からやわらかくなるまでゆでる。

2 フライパンにサラダ油を熱して玉ねぎのみじん切りを炒め、しんなりしてきたら合いびき肉とAを加え、ひき肉がポロポロになるまでよく炒める。

3 牛乳を電子レンジで沸騰直前まで温める。

4 1のじゃがいもがゆで上がったら水気をきってボウルに入れ、熱いうちにBを加えて混ぜ合わせ、3の熱い牛乳を少しずつ加えて泡立て器でよく混ぜる(**a**)。

5 耐熱容器に2を入れ、4を重ねるように入れて表面を平らにならす。

6 パルミジャーノを散らし、230℃のオーブンで焼き色がつくまで10分ほど焼く。

a

Gratiner des legumes *chapitre1*

材料(2人分)

- トマト…1個
- ズッキーニ…1/2本
- なす…1本
- パプリカ(黄)…1/2個
- ベーコン…20g
- にんにく…1/2かけ
- ブイヨンキューブ…1/2個
- 温かいご飯…茶碗2杯分
- バター…20g
- パセリのみじん切り…大さじ1
- シュレッドチーズ…適量
- 塩、こしょう…各適量
- オリーブ油…大さじ1

🔲 オーブンを230℃に予熱する。

作り方

1 トマトはざく切りに、ズッキーニ、なす、パプリカ、ベーコンは1cm角ぐらいに切る。にんにくは薄切りにする。

2 フライパンにオリーブ油を熱し、にんにく、ズッキーニ、なす、パプリカ、ベーコンを炒める。

3 ズッキーニがやわらかくなったらトマトを加え、ブイヨンキューブを崩し入れてさっと炒め合わせ(**a**)、塩、こしょうで味をととのえる。

4 温かいご飯にバターとパセリのみじん切りを加えて混ぜ、軽く塩、こしょうをする。

5 耐熱容器に**4**を敷き詰め、上に**3**をのせてシュレッドチーズを散らし、230℃のオーブンで焼き色がつくまで10分ほど焼く。

a

ラタトゥイユライスのグラチネ

野菜の煮込みラタトゥイユをご飯にかけてグラチネに。
トマトは最後に加えてさっと炒め、フレッシュ感を残します。

肉詰めれんこんのグラチネ
チーズクランブルのせ

れんこんの形をそのまま生かした、ダイナミックな一皿。
ほっくりとしたれんこんにサクサクのクランブルがよく合います。

材料(2人分)
れんこん…10cm
　▶皮つきのまま2等分に切る
合いびき肉…50g
A ┌ パン粉…大さじ1
　└ 牛乳…小さじ1
塩、こしょう…各少々
チーズクランブル…基本の分量

■ オーブンを230℃に予熱する。
➡ p.108〜109を参照してチーズクランブルを作る。

1 肉だねを詰める

合いびき肉は塩、こしょうを加えて粘りが出るまでよく練り、Aを加えてさらに練り混ぜる。これをれんこんの穴にテーブルナイフなどで詰める。

2 電子レンジで加熱する

1をラップで包み、電子レンジで6分ほど加熱する。

3 本焼き

ラップをはずしてチーズクランブルをのせ、耐熱容器に入れて、230℃のオーブンでクランブルに焼き色がつくまで10分ほど焼く。

Gratiner des legumes *chapitre1*

いわしとトマトのグラチネ

トマトの酸味が脂ののったいわしと相性抜群。
ローズマリーの香りがいわしのくせを消し、うまみをぐっと引き立ててくれます。

Gratiner des poissons et des fruits de mer *chapitre1*

魚介をグラチネ！

素材に必要以上に手を加えず、魚介のうまみを
ストレートに味わうのがグラチネの魅力。
焼き上がった身はふっくらとやわらかく、風味豊か。
おもてなしにもおすすめです。

材料（2人分）
いわし（開きにしたもの。フライ用）…6尾
トマト…2個
A ┌ パン粉…大さじ2
　├ おろしにんにく…小さじ1/3
　└ オリーブ油…小さじ1/2
にんにく…1/2かけ
ローズマリー…2枝
塩、こしょう…各適量
オリーブ油…小さじ2

■オーブンを230℃に予熱する。

作り方

1 いわしは塩、こしょうを多めにふり、しばらくおく（**a**）。表面に浮いた水分をキッチンペーパーでふき取る。

2 トマトは1cm厚さの輪切りにし、キッチンペーパーで水気をふき取る（**b**）。

3 Aの材料を混ぜ合わせる。

4 耐熱容器の底と側面に、にんにくの切り口をこすりつけて香りをつける（**c**）。

5 4にトマトを並べ入れて塩、こしょうをし、その上にいわしを皮目を上にして重ならないように向きを交互にして並べ、オリーブ油を回しかける。

6 いわしの上に3をふりかけてローズマリーをのせ（**d**）、230℃のオーブンで焼き色がつくまで10分ほど焼く。

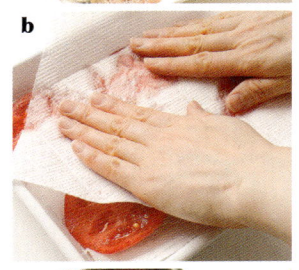

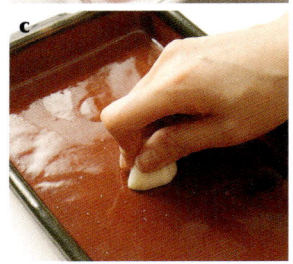

材料(2人分)

生鮭(切り身)…2切れ
じゃがいも…2個
プレーンヨーグルト…50ml
生クリーム…50ml
クリームチーズ…40g
塩、こしょう…各適量
ディル(あれば)…適宜

■ オーブンを200℃に予熱する。

作り方

1 鮭は皮を取り除いて5cm幅に切り、塩、こしょうをしてしばらくおく。

2 じゃがいもは皮をむいて1cm厚さの輪切りにし、水からやわらかくなるまでゆでる。

3 プレーンヨーグルトと生クリームを混ぜ合わせ、クリームチーズを加えて泡立て器で崩すように混ぜる。ある程度なじんだら塩、こしょうで味をととのえる。クリームチーズのかたまりが多少残っていてもよい。こしょうはたっぷりふる。

4 耐熱容器に鮭とじゃがいもを並べ入れ、**3**を流してディルを散らす。

5 200℃のオーブンで焼き色がつくまで15分ほど焼く。

サーモンとポテトの
ヨーグルトグラチネ

サーモンにヨーグルトのさわやかな酸味がよく合います。
生クリームとクリームチーズでコクをプラス。
こしょうをたっぷりふってアクセントに。

Gratiner des poissons et des fruits de mer *chapitre1*

たことじゃがいもの
プロヴァンス風グラチネ

プリプリのたことほくほくじゃがいもに、うまみがギュッと詰まったドライトマトを加えた最強の取り合わせ。

材料(2人分)
ゆでだこ(足)…約120g
じゃがいも…2個
にんにくパセリパン粉…基本の分量
ドライトマトのみじん切り…小さじ1/2
オリーブ油…大さじ1
塩、こしょう　各適量

■ オーブンを200℃に予熱する。
➡ p.36～37を参照してにんにくパセリパン粉を作る。

作り方

1 ドライトマトのみじん切りをオリーブ油に10分ほどつける。

2 じゃがいもは1.5cmの角切りにし、水からやわらかくなるまでゆでる。

3 ゆでだこは7mm厚さの斜め切りにする。

4 耐熱容器にたことじゃがいもを交互に並べ、塩、こしょうをし、1を散らしてにんにくパセリパン粉をふりかける。

5 200℃のオーブンで、パン粉に焼き色がつくまで5分ほど焼く。

memo・ドライトマトが焦げやすいので様子を見ながら焼く。

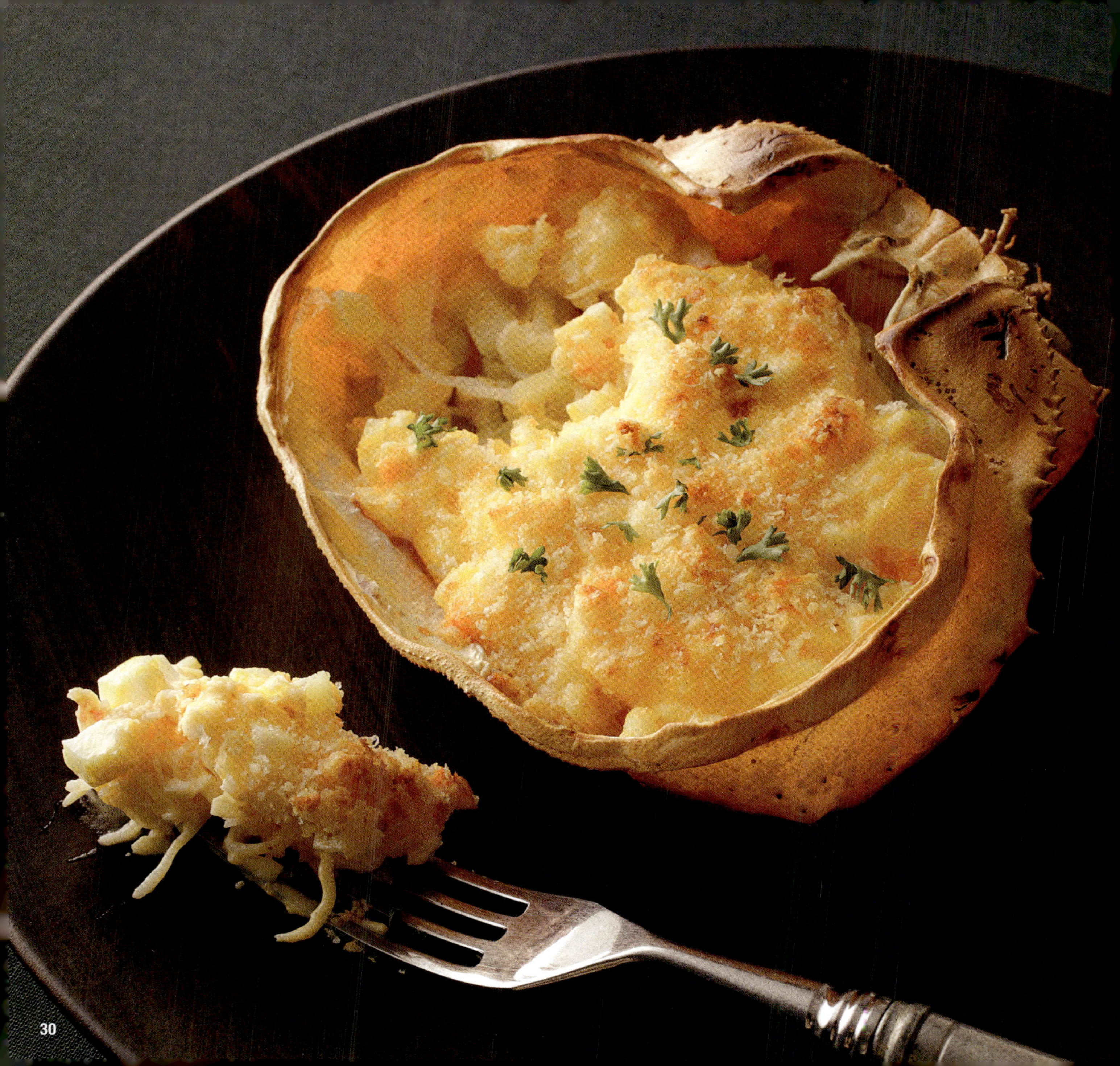

Gratiner des poissons et des fruits de mer *chapitre1*

かにの甲羅焼き

ゆでがにを使ったちょっと豪華なグラチネ。焼いた甲羅の香ばしさとうまみで、
ふんわり甘いかにの身のおいしさがさらにアップ。

材料（2人分）
ゆでがに（紅ずわいがになど）…1杯
かにの甲羅…2杯分
カリフラワー…1/4株
ゆで卵…1個
チーズパン粉…基本の分量
マヨネーズ…大さじ4
塩、こしょう…各適量
オリーブ油…大さじ1/2
パセリのみじん切り…適量

■ オーブンを230℃に予熱する
→ p.36を参照してチーズパン粉を作る。

作り方

1 ゆでがには甲羅をはずし、みそや卵をかき出す。胴と足、はさみの部分から身を取り出し、ほぐして軟骨を取り除く。甲羅は洗って乾かしておく。

2 カリフラワーは小さめの小房に分け、塩少々を入れた熱湯でやわらかくゆで、水気をきる。

3 **1**のかにみそや卵、ほぐした身と**2**を混ぜ合わせ、塩、こしょうで調味し、オリーブ油を加えて混ぜる（**a**）。

4 ゆで卵はみじん切りにし、マヨネーズを加えて混ぜ、塩、こしょうで味をととのえる。

5 天板にくしゃくしゃにしたアルミホイルを置いてかにの甲羅をのせ、**3**を分け入れて、その上に**4**をのせ（**b**）、さらにチーズパン粉をふりかけて、230℃のオーブンで焼き色がつくまで10分ほど焼き、パセリのみじん切りを散らす。

Advice

かにはキッチンバサミで足とはさみを1本ずつ切り離し、甲羅と胴の間を少しこじあけるようにして指を入れ、力を入れて一気に引きはがします。胴の両側についている灰色の筋状の部分（ガニ）は手で取り除きます。
かにの甲羅は鮮魚店で売っていますが、入手できなければココット型など耐熱容器を使ってください。かにの身は缶詰などを利用してもよいでしょう。かに自体に塩分が含まれているので、調味する塩の量は控えめに。

オイルサーディンとズッキーニのグラチネ

手頃なオイルサーディンを使った、手軽に作れる簡単グラチネ。

材料(2人分)

オイルサーディン(缶詰)
　…1缶(約100g)
ズッキーニ…1/2本
A ┌ パン粉…大さじ2
　│ おろしにんにく…小さじ1/4
　└ オリーブ油…小さじ1/2
塩、こしょう…各適量
オリーブ油…小さじ1

▪ オーブンを230℃に予熱する。

作り方

1 ズッキーニは長さを半分にし、縦4〜5等分に切る。

2 Aの材料を混ぜ合わせる。

3 耐熱容器に**1**を並べて塩、こしょうをし、オリーブ油をかけて230℃のオーブンで10分ほど焼く。

4 オーブンから**3**をいったん取り出し、オイルサーディンを並べて**2**をふりかけ、再び230℃のオーブンでパン粉に焼き色がつくまで6分ほど焼く。

帆立貝ときのこのグラチネ

やわらかい帆立貝ときのこシャキシャキとした食感がベストマッチ。

材料(2人分)

帆立貝柱…大2個
しめじ…1/2パック
まいたけ…1/2パック
にんにく…1/2かけ
にんにくパセリパン粉
　…基本の半量
塩、こしょう…各適量
オリーブ油…小さじ1

▪ オーブンを230℃に予熱する。

➡ p.36〜37を参照してにんにくパセリパン粉を作る。

作り方

1 帆立貝柱は両面に格子状の切り目を入れる。

2 しめじ、まいたけは石づきを切り落とし、小房に分ける。にんにくはみじん切りにする。

3 耐熱容器に**2**を入れて塩、こしょうをし、オリーブ油を回しかけて混ぜ、230℃のオーブンで5分ほど焼く。

4 3を取り出し、全体を混ぜて**1**をのせ、軽く塩、こしょうをしてにんにくパセリパン粉をふりかけ、再び230℃のオーブンで5分ほど焼く。

Gratiner des poissons et des fruits de mer chapitre1

えびとアスパラガスのグラチネ

マスタードのほのかな酸味がえびのうまみを引き立てます。

材料(2人分)
えび(殻つき)…大4尾
グリーンアスパラガス…6本
マスタード…大さじ1
マヨネーズ…大さじ1
塩、こしょう…各適量
オリーブ油…小さじ1

■ オーブンを230℃に予熱する。

作り方

1 アスパラガスはピーラーで下1/3の皮をむき、5cm長さの斜め切りにする。

2 えびは尾を残して殻をむき、背わたを取って尾の先を斜めに切り落とす。腹側に切り込みを入れて身を開き、包丁の背で軽くたたいて平らにする。

3 耐熱容器に**1**を入れて塩、こしょうをし、オリーブ油を回しかけて混ぜ、230℃のオーブンで6分ほど焼く。

4 マスタードとマヨネーズを混ぜ合わせる。

5 **3**を取り出して全体を混ぜ、**2**を表側を上にしてのせて**4**をかけ、再び230℃のオーブンで薄く焼き色がつくまで5分ほど焼く。

たらとじゃがいものグラチネ

ちょっとくせのあるたらは、マリネすることでおいしくなります。

材料(2人分)
生だら(切り身、皮なし)…2切れ
じゃがいも…1個
玉ねぎ…1/4個
ミニトマト…5個
グリーンオリーブ(種なし)…5粒
にんにく…1かけ
A ┌ パン粉…大さじ2
　 └ オリーブ油…小さじ1/2
塩、こしょう…各適量
オリーブ油…小さじ1

■ オーブンを230℃に予熱する。

作り方

1 たらは4cm幅に切る。玉ねぎ、にんにくは薄切りにする。これらを合わせて塩、こしょうをし、オリーブ油を回しかけて混ぜ合わせ、5分ほどおく。

2 グリーンオリーブは横半分に切る。じゃがいもは輪切りにし、水からやわらかくなるまでゆでる。

3 Aの材料を混ぜ合わせる。

4 耐熱容器に**1**と**2**、へたを取ったミニトマトを入れて混ぜ、**3**をふりかけて230℃のオーブンでたらに薄く焼き色がつくまで10分ほど焼く。

殻つきかきのグラチネ

殻つきのかきを見つけたら、ぜひ作って欲しい絶品グラチネ。
ふっくら焼けたかきは、クリーミーで濃厚な味わい。

材料(2人分)

かき(殻つき)…2個
玉ねぎ…1/6個
白ワイン…大さじ1/2
生クリーム…大さじ2
グリュイエール(すりおろす)…適量
塩、こしょう…各適量
片栗粉…適量

オーブンを230℃に予熱する。

Advice

かきの殻むきはちょっと大変ですが、ぜひチャレンジしてみてください。コツさえつかめれば、意外と簡単にむくことができます。もちろんむき身を使ってもOK。小粒のかきなら2〜3個まとめて焼くとよいでしょう。

作り方

1 かきは殻の平らなほうを上に向け、殻の合わせ目からテーブルナイフなどを差し込んで上側の貝柱をはずし、殻を持ち上げてはずす。次に下側の殻と身の間にナイフを差し込んで貝柱をはずし、身を取り出す。殻は洗って乾かしておく。

memo・かきの殻開けは、まずよく洗って表面の汚れやぬめりを取り、けがをしないように軍手をするか、ふきんなどでしっかり包んで作業をする。鮮魚店でやってもらってもよい。

2 ボウルに1のかきの身を入れて片栗粉をまぶし、軽くつかみ洗いをしてぬめりと汚れを取り、冷水でふり洗いをし、キッチンペーパーで水気をふき取る。

3 玉ねぎは薄切りにする。

4 殻に3を入れて2をのせ、塩、こしょうをする。

5 天板にくしゃくしゃにしたアルミホイルを置き、4をのせて安定させ、白ワインと生クリームをかけ(**a**)、グリュイエールをふりかける。これを230℃のオーブンでチーズが溶けて薄く焼き色がつくまで10分ほど焼く。

Gratiner des poissons et des fruits de mer *chapitre1*

ミックスパン粉マニュアル

これを忘れたらグラチネのおいしさも半減!? サクサクの食感、香ばしい香りとうまみ、そして食欲誘う焼き色はパン粉ならでは。だからこそおいしいパン粉を用意して！ ここでは自家製パン粉を使った風味豊かなミックスパン粉をご紹介。仕上げのトッピングで味わいがさらにアップします。

チーズパン粉

材料（作りやすい分量）

パン粉…大さじ3
パルミジャーノ（すりおろす）…大さじ1
オリーブ油…小さじ1

Advice

パン粉は乾燥したフランスパン（バゲット、バタールなど）で作ります。乾燥したものがなければ1cm厚さの薄切りにし、130℃のオーブンで焦げ目がつかないように、30分ほど焼くとよいでしょう。食パンでも構いませんが、フランスパンで作ったパン粉は香ばしく仕上がります。

1 パン粉を作る

乾燥したフランスパンを、おろし金ですりおろす。

memo・パン粉は多めに作って冷凍保存しておくと便利です。その際は、フードプロセッサー、ミキサーで細かくするといいでしょう。

2 チーズを混ぜる

分量のパン粉にパルミジャーノを加えて混ぜ合わせる。

3 油を混ぜる

オリーブ油を加え、全体になじませるように混ぜる。

4 ふりかける

耐熱容器に盛りつけた具材の上に、まんべんなくふりかける。

●チーズパン粉と同じ要領で作る。

にんにくパセリパン粉

材料(作りやすい分量)
パン粉…大さじ3
パセリのみじん切り…小さじ1
おろしにんにく…小さじ1/2
オリーブ油…小さじ1

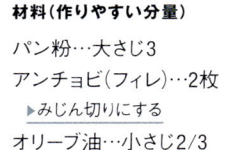

アンチョビパン粉

材料(作りやすい分量)
パン粉…大さじ3
アンチョビ(フィレ)…2枚
▶みじん切りにする
オリーブ油…小さじ2/3

カレーパン粉

材料(作りやすい分量)
パン粉…大さじ3
カレー粉…小さじ1/2
オリーブ油…小さじ2/3

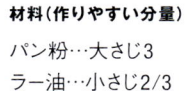

ピリ辛パン粉

材料(作りやすい分量)
パン粉…大さじ3
ラー油…小さじ2/3

仕上げの香味オイル

焼きっぱなしのシンプルなグラチネにひとかけすれば、鮮烈な香りとオイルのうまみが加わって、斬新な一皿に変身。数種類作り置きしておくと料理の幅が広がる、便利なオイルです。保存は全て冷蔵庫で。

ハーブオイル

フレッシュハーブの力強い香りで素材の持ち味をアップしてくれます。

ハーブ ✚ オリーブ油
(ローズマリー、バジル、タイム、オレガノなど)

◉洗って水気を十分にふき取ったハーブ1〜2本をオリーブ油150mlに漬けます。2〜3日して香りが油に移れば使えます。

レモンオイル

レモンのさわやかな香りが、料理にインパクトを与えてくれます。

レモンの皮 ✚ オリーブ油

◉レモン1/3個分の皮を薄くむき、白い部分を取り除いて黄色い部分のみをオリーブ油150mlに漬けます。2〜3日して香りが油に移れば使えます。

ピリ辛オイル

ピリピリとする刺激的な辛さとごま油の香ばしさが、あと引くおいしさ。

赤唐辛子 ✚ ごま油

◉赤唐辛子を、そのままごま油150mlに漬けます。本数はお好みで。2〜3日して香りが油に移れば使えます。オリーブ油でもOKです。

にんにくオイル

たらりとかけるだけで、食欲が湧いてくる魔法のオイル!?

にんにく ✚ ごま油

◉にんにく2かけを、そのままごま油150mlに漬けます。2〜3日して香りが油に移れば使えます。オリーブ油を使っても構いません。

chapitre

2

４つのソースでグラチネする

I. Sauce béchamel
ホワイトソース

とろ〜りクリーミーなホワイトソース（ベシャメルソース）を作りましょう。ここではバターと薄力粉、牛乳で作る本格ソースから、電子レンジを使った簡単ソース、そしてヘルシーなホワイトソースの4種類を紹介します。いずれも失敗知らずのレシピ。お好みのホワイトソースを選んで、グラチネを楽しんでください。

材料（でき上がり約400g）
バター…30g
薄力粉…30g
牛乳…420ml
▶ 沸騰しない程度（約70℃）に温める
塩…小さじ1/3〜1/2
こしょう…適量

調理時間 12分

Advice
ホワイトソースは保存ができます。粗熱が取れたら小分けにし、ラップで平たく包んでさらに保存袋などに入れて冷蔵庫へ。冷蔵で3〜4日、冷凍で1か月が保存期間の目安です。使う際は鍋に入れて弱火にかけ、牛乳を少量加えてやわらかくするとよいでしょう。冷凍したものは自然解凍で戻してから同様に。

1 ルウを作る
厚手の鍋にバターを弱火で溶かし、薄力粉を加えてゴムべらで焦がさないように混ぜながら4〜5分加熱する。全体が細かく泡立ってフワッとした感じになってから、さらにサラサラの状態になるまで混ぜながら加熱する。

memo・薄力粉をよく炒めることで粉気（粉臭さ）がとれ、なめらかに溶けるようになります。最初ルウはぼそぼそとしていますが、少しずつなめらかになり、よい香りがしてきます。サラサラの状態になったら粉気が抜けた目安です。

2 粗熱を取る
火からおろし、かたく絞った濡れぶきんの上などに置いて冷まし（鍋底を冷水につけてもよい）、ルウの粗熱を取る。

memo・粗熱を取らずに温かい牛乳を加えると鍋の中が沸騰状態になり、ダマができやすくなります。

3 牛乳を加える
温めた牛乳を3〜4回に分けて加え、そのつど泡立て器でなめらかになるまで手早く混ぜる。

memo・火からおろした熱い状態のルウに冷たい牛乳を少しずつ加えて温度を下げていく方法もありますが、再加熱して温まるまで時間がかかってしまいます。ここではソースに素早くとろみがつくように、70℃くらいに温めた牛乳を加えていきます。

4 とろみをつける
3を中火にかけ、泡立て器で混ぜながら煮る。つやが出て、とろみがついたら塩、こしょうで味をととのえる。

memo・煮ているうちに牛乳臭さが抜け、とろみがつきます。

レンジdeホワイトソース

電子レンジを使えば、焦げつく心配なし！ つきっきりでかき混ぜる手間もいりません。後片づけだってラクラクです。

調理時間 **18分**

材料(でき上がり約400g)

バター…30g
薄力粉…30g
牛乳…420ml
塩…小さじ1/3〜1/2
こしょう…適量

作り方

1 耐熱ガラスボウル(または大きめの耐熱容器)にバターと薄力粉を入れ、ラップをせずに電子レンジで1分加熱し、ゴムベラでなめらかな状態になるまで練り混ぜる(**a**)。

2 牛乳を3〜4回に分けて加え、そのつど泡立て器でなめらかになるまで手早く混ぜる(**b**)。

3 再びラップをせずに電子レンジで5分加熱し、取り出して泡立て器で全体を混ぜる。

4 さらに電子レンジで3分加熱し、取り出して混ぜ、次に1分加熱したら、なめらかになるまで混ぜて、塩、こしょうで味をととのえる。

豆乳ホワイトソース

牛乳の代わりに豆乳を使った、体にやさしいホワイトソースです。味わいは牛乳で作るソースよりあっさりとしてライトな感じ。

調理時間 **12分**

材料(でき上がり約400g)

サラダ油…大さじ2
薄力粉…30g
調製豆乳…420ml
塩…小さじ1/3〜1/2
こしょう…適量

作り方

1 豆乳は沸騰しない程度(約70℃)に温める。

2 厚手の鍋にサラダ油と薄力粉を入れて弱火にかけ(**a**)、ゴムベラで混ぜながら、サラサラの状態になるまで4〜5分加熱する。

3 火からおろし、かたく絞った濡れぶきんの上などに置いて冷まし(鍋底を冷水につけてもよい)、ルウの粗熱を取る。

4 1を3〜4回に分けて加え、そのつど泡立て器でなめらかになるまで手早く混ぜる(**b**)。

5 4を中火にかけ、混ぜながら煮る。とろみがついたら塩、こしょうで味をととのえる。

ノンオイルホワイトソース

オイルを完全にカットした低カロリーのさらりと軽いホワイトソース。薄力粉を香ばしく炒ることで、おいしいソースに仕上がります。

調理時間 **12分**

材料(でき上がり約400g)

牛乳…420ml
薄力粉…30g
塩…小さじ1/3〜1/2
こしょう…適量

作り方

1 牛乳は沸騰しない程度(約70℃)に温める。

2 厚手の鍋に薄力粉を入れて弱火にかけ、ゴムべらで混ぜながら、ごく薄いきつね色になるまでから煎りする(**a**)。

3 火からおろし、かたく絞った濡れぶきんの上などに置いて冷まし(鍋底を冷水につけてもよい)、粉の粗熱を取る。

4 1を3〜4回に分けて加え、そのつど泡立て器でなめらかになるまで手早く混ぜる(**b**)。

5 4を中火にかけ、泡立て器で混ぜながら煮る。とろみがついたら塩、こしょうで味をととのえる。

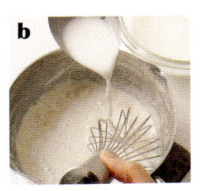

鶏肉とマカロニのグラチネ

とろ～りなめらかなホワイトソースと、
クニュッとやわらかくゆで上げたマカロニの最強コンビ。
できたての熱々を、ふぅふぅしながら召し上がれ。

材料（2人分）

鶏もも肉…1/2枚（約125g）
マッシュルーム…5個
玉ねぎ…1/4個
マカロニ…50g
ホワイトソース…200g
チーズパン粉…基本の分量
バター…10g
塩、こしょう…各適量

■ オーブンを230℃に予熱する。
➡ p.40～41を参照してホワイトソースを作る。
➡ p.36を参照してチーズパン粉を作る。

作り方

1 鶏もも肉は2cm角に切る。マッシュルームは4つ割りにする。玉ねぎは薄切りにする。

2 鍋にたっぷりの湯を沸かして塩ひとつまみを加え、マカロニを入れて芯が残らないように表示時間より1分長くゆで、ざるに上げて水気をきる。

3 フライパンにバターを溶かし、鶏肉を炒める。火が通り薄く焼き色がついたら玉ねぎとマッシュルームを加えて炒め合わせ、軽く塩、こしょうをする（**a**）。

4 ホワイトソースを混ぜてなめらかにしてから**3**に加え、全体になじんだら塩、こしょうで味をととのえ、**2**を入れて、なじむまで混ぜ合わせる。

5 耐熱容器に**4**を分け入れ（**b**）、チーズパン粉をふりかけて、230℃のオーブンで焼き色がつくまで10分ほど焼く。

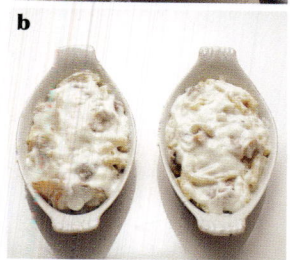

Sauce bechamel *chapitre2*

サーモンと玉ねぎのグラチネ

脂分が多く身のやわらかい生鮭にクリーミーなソースがよく合います。
玉ねぎはじっくり焼いて甘みを引き出します。

材料(2人分)
生鮭(切り身)…2切れ
玉ねぎ…1個
ホワイトソース…200g
シュレッドチーズ…ひとつかみ
薄力粉…適量
塩、こしょう…各適量
オリーブ油…大さじ1/2

オーブンを230℃に予熱する。
→ p.40～41を参照してホワイトソースを作る。

作り方

1 玉ねぎはバラバラにならないように芯を残して8等分のくし形切りにする。

2 生鮭は骨を取り除いて4cm幅に切り、軽く塩、こしょうをして両面に薄力粉をまぶす(**a**)。余分な粉をはたき落とす。

3 フライパンにオリーブ油を熱し、**2**を軽く焼き色がつくまで両面焼いて取り出す。

4 **3**のフライパンで玉ねぎを焼きつけるようにして焦げ目がつくまで焼く。

5 耐熱容器に**3**と**4**を並べ入れ、ホワイトソースを混ぜてなめらかにしてから上にかけ、シュレッドチーズを散らし、230℃のオーブンで焼き色がつくまで10分ほど焼く。

a

Sauce béchamel *chapitre2*

アンディーブとハムのグラチネ

フランスではビストロの定番メニュー。アンディーブの
ほろ苦さとソースのやわらかな味とのコントラストが絶妙です。

材料(2人分)

アンディーブ…2株
ロースハム…2枚
A ┌ レモンの輪切り…2〜3枚
  │ バター…20g
  └ 塩、砂糖…各小さじ1
ホワイトソース…200g
ラクレット(スライスしたもの)…3〜4枚
*チーズはグリュイエール、コンテなど好みのもので
よい。

■ オーブンを230℃に予熱する。
→ p.40〜41を参照してホワイトソースを作る。

作り方

1 アンディーブは縦半分に切り、鍋に入れてAを加え、かぶるくらいの水を注ぎ火にかける。沸騰したら弱火にし、アンディーブがくたっとするくらいにやわらかくなるまで20分ほど煮る(**a**)。煮えたらざるに上げ、キッチンペーパーで水気をふき取る。

2 ロースハムを半分に切り、**1**に巻きつけて耐熱容器に並べる。

3 ホワイトソースを混ぜてなめらかにしてから**2**の上にかけ、ラクレットをのせ、230℃のオーブンで焼き色がつくまで10分ほど焼く。

a

えびとズッキーニのドリア

フライパンで炒める具だくさんピラフにホワイトソースをかけてグラチネした、ボリューム満点ごちそうメニュー。

材料(2人分)

えび(殻つき)…大5尾
ズッキーニ…1/2本
玉ねぎ…1/4個
ベーコン…2枚
温かいご飯…茶碗2杯分
ホワイトソース…200g
チーズパン粉…基本の分量
バター…10g
塩、こしょう…各適量

- オーブンを230℃に予熱する。
- p.40〜41を参照してホワイトソースを作る。
- p.36を参照してチーズパン粉を作る。

作り方

1 えびは殻をむいて背わたを取り、4〜5等分に切る。

2 ズッキーニは1cmの角切りに、玉ねぎ、ベーコンは1cm角の色紙切りにする。

3 フライパンにバターを溶かし、2を炒める。玉ねぎが透き通ってきたら1を加えてさっと炒め合わせる。

4 温かいご飯を加えてほぐすようにしながら炒め、ご飯がパラリとしたら塩、こしょうで味をととのえる。

5 耐熱容器に4を入れて表面を平らにならし、ホワイトソースを混ぜてなめらかにしてから上にかけa、チーズパン粉をふりかけて、230℃のオーブンで焼き色がつくまで10分ほど焼く。

材料(2人分)

鶏もも肉…1枚(約250g)
長ねぎ…1本
ブルーチーズ…40g
ホワイトソース…200g
白ワイン…大さじ2
A [パン粉…大さじ2
    オリーブ油…小さじ1/2]
塩、こしょう…各適量
オリーブ油…小さじ1

🔲 オーブンを230℃に予熱する。

➡ p.40〜41を参照してホワイトソースを作る。

作り方

1 鶏もも肉は4cm角に切り、軽く塩、こしょうをする。

2 長ねぎは4cm長さに切る。ブルーチーズは細かくほぐす。

3 Aの材料を混ぜ合わせる。

4 フライパンにオリーブ油を熱し、鶏肉を皮を下にして入れ、焼き色がついたら裏返し、長ねぎを加えて一緒に焼く。鶏肉に火が通り、長ねぎがやわらかくなったら白ワインを回し入れ、さっと混ぜる。

5 ホワイトソースとブルーチーズを加え、チーズが少し溶けるまで混ぜる。

6 耐熱容器に**5**を分け入れ(**a**)、**3**をふりかけて、230℃のオーブンで焼き色がつくまで10分ほど焼く。

a

鶏肉とねぎとブルーチーズのグラチネ

ブルーチーズの辛みをピリリと効かせた、ワイン好きにはたまらない大人のひと皿。チーズの塩気が強いので、味つけは控えめに。

Sauce bechamel *chapitre2*

コキーユ・サン・ジャック

殻を器にして、ぽってりミルキーなマッシュポテトを絞って焼き上げる、
洋食メニューのスタンダード、帆立貝のグラチネ。
おもてなしにもおすすめの一品です。

材料(2人分)

帆立貝(殻つき)…2個
マッシュポテト
　じゃがいも…2個
　バター…20g
　牛乳…50〜60ml
　塩、こしょう…各適量
玉ねぎ…1/4個
マッシュルーム…3個
バター…5g
白ワイン…大さじ1
ホワイトソース…100g
A　パン粉…大さじ1
　　オリーブ油…小さじ1/4
塩、こしょう…各適量
セルフィーユ…適宜

■ オーブンを230℃に予熱する。
➡ p.40〜41を参照してホワイトソースを作る。

作り方

1 帆立貝は殻の平らなほうを上に向け、テーブルナイフなどを差し込んで上側の貝柱をはずす。殻を開いて下側の殻と身の間にナイフを差し込んで貝柱をはずし、身を取り出す。貝柱の周囲についているひもや内臓、白くかたい部分などを取り除き、塩水(分量外)でさっと洗って水気をふき取り、4等分に切る。殻は洗って乾かしておく。

2 マッシュポテトを作る。じゃがいもは皮をむいて4〜6等分に切り、鍋に入れてかぶるくらいの水を加えてやわらかくなるまでゆでる。ゆで上がったら水気をきり、熱いうちにつぶしてバターを加えて混ぜ合わせる。

3 牛乳を電子レンジで沸騰直前まで温め、**2**に少しずつ加えて泡立て器でよく混ぜ(**a**)、塩、こしょうで味をととのえる。

4 玉ねぎは薄切りにし、マッシュルームは縦4つに切る。

5 フライパンにバターを溶かし、**4**を炒める。玉ねぎが透き通ったら**1**の貝柱と白ワインを加えてさっと炒め、軽く塩、こしょうをし(**b**)、ホワイトソースを混ぜてなめらかにしてから加え、全体を混ぜ合わせる。

6 天板にくしゃくしゃにしたアルミホイルを置いて丸みのあるほうの貝殻をのせ、**5**を分け入れる。

7 絞り袋に星型口金をつけて**3**を詰め、**6**の周囲に絞る(**c**)。

8 Aの材料を混ぜ合わせて中央に散らし、230℃のオーブンで焼き色がつくまで10分ほど焼く。器に取り、セルフィーユを飾る。

Sauce béchamel *chapitre2*

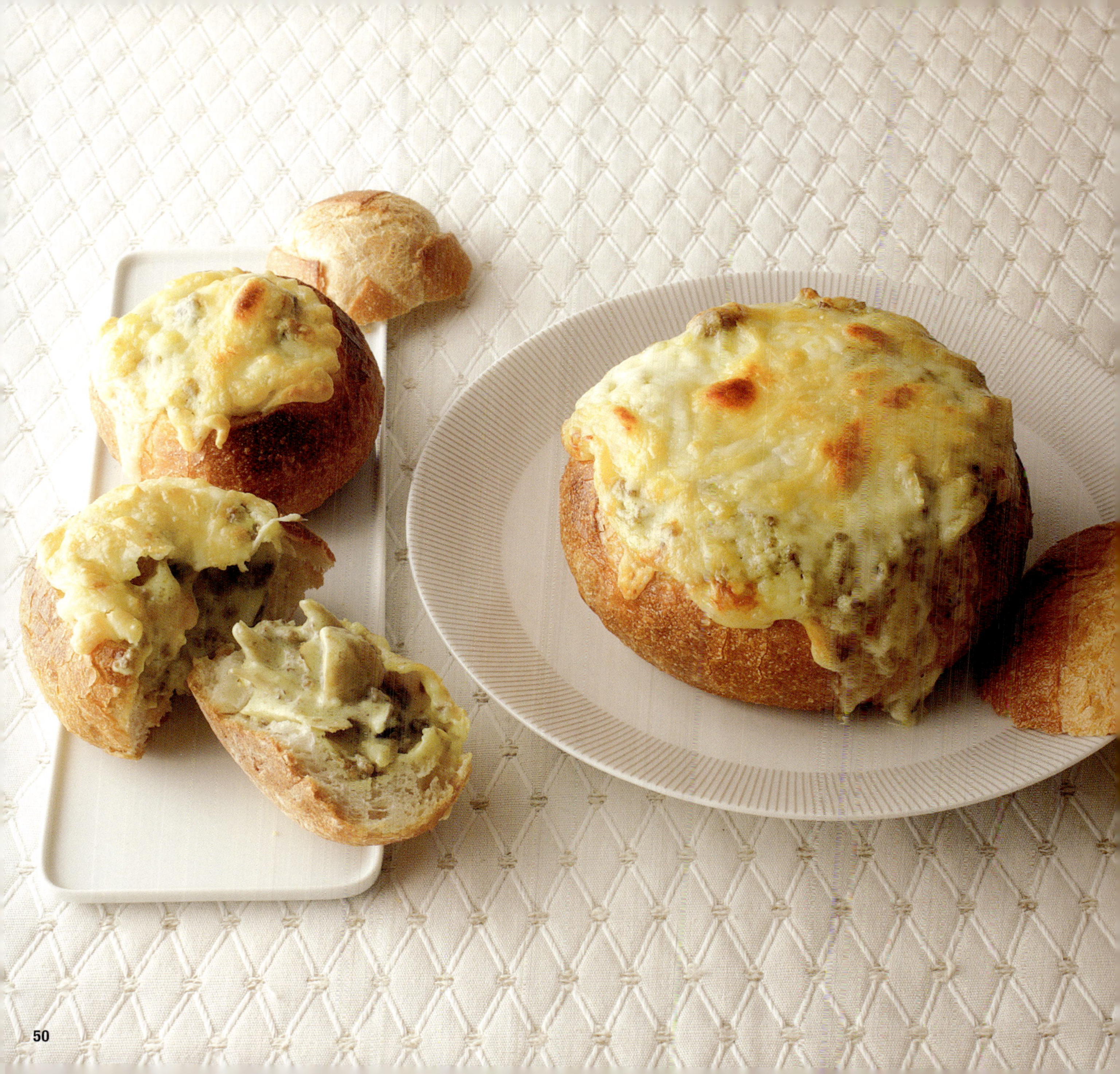

ごぼう入りキーマカレーの
パン・ド・グラチネ

クリーミーなひき肉カレーをパンに詰めてこんがり焼き上げたグラチネ。
カリッふわっとろ〜り、おいしさの多重奏。

材料(2人分)

パン(ハード系)…小2個(または大1個)
合いびき肉…50g
ごぼう…1/5本
しめじ…1/4パック
マッシュルーム…2個
ホワイトソース…100g
カレー粉…小さじ1/2
シュレッドチーズ…ひとつかみ
サラダ油…小さじ1
塩、こしょう…各適量

■ オーブンを230℃に予熱する。
➡ p.40〜41を参照してホワイトソースを作る。

作り方

1 パンは上部を切り、ペティナイフなどで中身の白い部分をくりぬく(**a**)。

2 ごぼうは包丁の背で皮をこそげ、ささがきにして水に5分ほどさらし、ざるに上げて水気をきる。

3 しめじは石づきを切り落とし、小房に分ける。マッシュルームは薄切りにする。

4 フライパンにサラダ油を熱し、ひき肉を入れカレー粉を加えて炒める(**b**)。ひき肉がポロポロになったら**2**と**3**を加えて炒め合わせる。

5 ホワイトソースを混ぜてなめらかにしてから**4**に加え、全体になじんだら塩、こしょうで味をととのえる。

6 **1**に**5**を盛り上がるぐらいにたっぷり詰め(**c**)、シュレッドチーズをのせて、230℃のオーブンで焼き色がつくまで10分ほど焼く。

Ⅱ. Sauce tomate
トマトソース

鮮やかな色が食欲を誘うトマトソース。缶詰の水煮トマトを使うので、季節を問わず、いつでもおいしいソースが作れます。シンプルだからどんな食材とも相性バッチリ。応用範囲の広い、便利なソースです。ここではトマトソースをベースに、ミートソースと、濃厚なクリームソースも併せてご紹介します。

Advice
トマトソースは保存ができます。粗熱が取れたら小分けにし、保存袋などに入れて平らにして冷蔵庫へ。冷蔵で2〜3日、冷凍で2か月が保存期間の目安です。使う際は鍋に入れて弱火にかけ、赤ワインなどを少量加えて溶きのばすとよいでしょう。冷凍したものは自然解凍で戻してから同様に。

材料（でき上がり約420g）
玉ねぎ…1/2個
ベーコン…40g
にんにく…1/2かけ
水煮トマト（缶詰。カットタイプ）
　…1缶（400g）
ブイヨンキューブ…1/2個
水…100ml
塩…小さじ1/2
こしょう…適量
オリーブ油…大さじ1

1 下準備をする
玉ねぎ、ベーコン、にんにくは、それぞれみじん切りにする。ブイヨンキューブは崩す。

2 炒める
鍋にオリーブ油を熱し、中火で1の玉ねぎ、ベーコン、にんにくを炒める。

3 トマトを加える
玉ねぎが透き通ってしんなりしたら水煮トマトを加え、ひと混ぜする。

4 煮る
分量の水とブイヨンキューブを加え、強火にする。煮立ったら蓋をずらして弱火にし、20〜30分煮込む。焦げつかないように、ときどき鍋の底をこするように混ぜる。煮詰まって濃度がついたら、塩、こしょうで味をととのえ、火を止める。

ミートソース

ひき肉をじっくり炒めて、うまみをぐぐっと引き出すのがおいしさのポイント。
かたまり肉を刻んで使えば、さらに本格的なソースが楽しめます。

材料（でき上がり約350g）
トマトソース…200g
合いびき肉…200g
ウスターソース
　…大さじ1と1/2
塩、こしょう…各適量
サラダ油…小さじ1

作り方

1 フライパンにサラダ油を熱し、合いびき肉をポロポロになるまで炒める（**a**）。

2 トマトソースとウスターソースを加え、強火にする（**b**）。煮立ったら蓋をずらして中火にし、4分ほど煮る。

3 全体がなじんだら塩、こしょうで味をととのえ、火を止める。

トマトクリームソース

トマトと生クリームが作り出す濃厚な味わいがたまらない、リッチなソース。
トマトの酸味が効いて、意外とあっさりいただけます。

材料（でき上がり約250g）
トマトソース…200g
生クリーム…50ml
塩、こしょう…各適量

作り方

1 鍋にトマトソースを入れ、人肌程度に温める。
memo・耐熱容器に入れて、ラップをかけずに電子レンジで30秒ほど加熱してもよい。

2 ボウルに**1**を移し、生クリームを加えて混ぜ合せる（**a**）。

3 全体がよくなじんだら、塩、こしょうで味をととのえる。

米なすのパルマ風グラチネ

イタリア人が大好きなマンマの味。なすにソースとチーズのうまみがしみ込んでとろけるおいしさ。千両なす、丸なすなど、どんななすでもOKです。

材料(2人分)
米なす…2個
トマトソース…200g
モッツァレラ…2個
薄力粉…適量
塩、こしょう…各適量
オリーブ油…大さじ2

オーブンを230℃に予熱する。
→ p.52を参照してトマトソースを作る。

作り方

1 米なすは3cm厚さの輪切りにし、水に10分ほどさらしてアクを抜き、水気をふき取る。

2 モッツァレラは1cm厚さに切る。

3 **1**の両面に薄力粉をまぶして余分な粉を落とし、オリーブ油を熱したフライパンで、両面を焦げ目がつくまで焼く(**a**)。

4 耐熱容器にトマトソースを敷き、**3**を並べて軽く塩、こしょうをし、トマトソースをかけてなすの上に**2**をのせ、230℃のオーブンで焼き色がつくまで10分ほど焼く。

Advice

米なすは厚めに切って、フライパンで下焼きをします。表面はこんがり中はふんわりやわらかく、そのまま食べてもおいしいように焼いてください。粉をまぶすのはトマトソースがからみやすいように。オーブンの中でソースがクツクツして、チーズがとろりとすれば完成です。

Sauce tomate *chapitre2*

豆とキャベツ、ソーセージのグラチネ

キャベツの甘みとソーセージのうまみにほっくりとした豆のおいしさが加わった、素朴で骨太な味わい。

材料(2人分)

白いんげん豆の水煮(缶詰)…1/2カップ
キャベツ…1/4個(約270g)
フランクフルトソーセージ…4本
トマトソース…150g
シュレッドチーズ…ひとつかみ
オリーブ油…小さじ1
塩、こしょう…各適量
タイム…2枝

■ オーブンを230℃に予熱する
→ p.52を参照してトマトソースを作る。

作り方

1 キャベツは1cm幅の細切りにし、ソーセージは縦に1本切り込みを入れる。白いんげん豆は水気をきる。

2 フライパンにオリーブ油を熱し、キャベツと白いんげん豆を炒め、キャベツがしんなりしたらトマトソースを加えてひと煮立ちさせ、塩、こしょうで味をととのえる。

3 耐熱容器に2を入れ、ソーセージを上に並べてシュレッドチーズを散らし、タイムをのせて、230℃のオーブンで焼き色がつくまで10分ほど焼く。

フラメンカ・エッグ

フラメンコの衣装のように色鮮やかな料理ということで名づけられた、セビリアの郷土料理。卵はとろとろの半熟状に仕上げて。

材料(2人分)

パプリカ(赤、オレンジ)…各1/2個
ベーコン…30g
玉ねぎ…1/4個
にんにく…1かけ
卵…2個
トマトソース…150g
塩、こしょう…各適量
オリーブ油…小さじ1
パセリのみじん切り…少量
パン(バゲットなど)…適宜

- オーブンを200℃に予熱する。
- p.52を参照してトマトソースを作る。

作り方

1 パプリカは1cm幅の細切りにする。玉ねぎとにんにくは薄切りにする。ベーコンは1cm幅に切る。

2 フライパンにオリーブ油を熱し、ベーコン、にんにく、玉ねぎ、パプリカの順に入れて炒める。

3 野菜がしんなりしたらトマトソースを加え、弱火でパプリカがやわらかくなるまで煮て、塩、こしょうで味をととのえる。

4 耐熱容器に**3**を分け入れ、中央にくぼみを作って卵を割り入れ(**a**)、200℃のオーブンで卵が半熟状態になるまで7~8分焼く。パセリのみじん切りを散らし、好みでトーストしたパンを添える。

Sauce tomate *chapitre2*

ラザニア

板状のパスタと2種類のソース、2種類のチーズを層に重ねた、
豪華でボリューミーな一品。
これにサラダがあれば、ホームパーティーもバッチリ！

材料（3～4人分）

ラザニア…4枚
ミートソース…300g
ホワイトソース…200g
モッツァレラ…2個
パルミジャーノ（すりおろす）…30g
塩、オリーブ油…各適量

- オーブンを200℃に予熱する。
- p.52～53を参照してミートソースを作る。
- p.40～41を参照してホワイトソースを作る。

作り方

1 モッツァレラは1cm厚さに切る。

2 深めのフライパンにたっぷりの湯を沸かし、湯の量の1%の塩（湯1ℓなら塩10g）とオリーブ油大さじ1/2を入れ、ラザニアを表示時間どおりにゆでる（**a**）。ゆで上がったら氷水にとって冷まし、水気をふき取る。

3 耐熱容器にホワイトソースを敷き、ラザニア2枚を重ならないようにのせ、ホワイトソース、ミートソース、モッツァレラ、パルミジャーノを順に重ねる（**b**）。再びラザニア2枚をのせ、同じ手順でソースとチーズを重ねて2層にする。

4 200℃に予熱したオーブンに入れ、こんがりと焼き色がつくまで20分ほど焼く。

Advice

ラザニアは口径の大きいフライパンを使ってゆでるのがおすすめです。たっぷり湯を沸かしたら塩と油を加え、ラザニアを1枚ずつ投入。まとめて入れるとくっついてしまいます。ゆで上がったら氷水にとって冷まし、生地を引き締めます。

Sauce tomate, Sauce béchamel *chapitre 2*

えびとペンネのトマトクリームグラチネ

焦げ目がついてカリッと香ばしいパスタ入りグラチネ。
えびのうまみが溶け込んだトマトクリームソースはリッチな味わい。

材料(2人分)

えび(殻つき)…8尾
ペンネ…120g
玉ねぎ…1/4個
にんにく…1かけ
トマトクリームソース…基本の分量
ブランデー…大さじ2
シュレッドチーズ…ひとつかみ
塩、こしょう…各適量
オリーブ油…小さじ1

■ オーブンを230℃に予熱する。
➡ p.53を参照してトマトクリームソースを作る。

作り方

1 えびは殻をむき、背に切り目を入れて背わたを取る。

2 玉ねぎ、にんにくは薄切りにする。

3 鍋にたっぷりの湯を沸かし、湯の量の1%の塩(湯1ℓなら塩10g)を入れてペンネを表示時間より1分短くゆで、ざるに上げて水気をきる。

4 フライパンにオリーブ油を熱し、2を炒める。火が通ったら1を加えて炒め合わせ、ブランデーを入れてアルコール分を飛ばす。

5 トマトクリームソースを加え、全体になじんだら塩、こしょうで味をととのえてペンネを加え、手早くあえる(**a**)。

6 耐熱容器に5を入れてシュレッドチーズを散らし、230℃のオーブンで焼き色がつくまで10分ほど焼く。

Sauce tomate *chapitre2*

材料(2人分)

シーフードミックス(冷凍)…300g
温かいご飯…茶碗2杯分
トマトソース…300g
赤唐辛子…2本
パセリのみじん切り…適量
グリュイエール(すりおろす)…ひとつかみ
バター…20g
白ワイン…大さじ2
塩、こしょう…各適量
オリーブ油…大さじ1

▪️ オーブンを230℃に予熱する。

➡ p.52を参照してトマトソースを作る。

作り方

1 シーフードミックスは冷凍のまま1cm角に切る。

2 赤唐辛子は種を取り除く。

3 フライパンにオリーブ油と**2**を入れて熱し、香りが立ってきたら**1**と白ワインを加えて炒める(**a**)。火が通って色が変わったらトマトソースを加え、汁気がなくなるまで煮て、塩、こしょうで味をととのえる。

4 温かいご飯にバターとパセリのみじん切りを加え、塩、こしょうをしてさっくり混ぜる。

5 耐熱容器に**4**を入れ、**3**をかけてグリュイエールを散らし、230℃のオーブンで焼き色がつくまで10分ほど焼く。

魚介のピリ辛ラグードリア

魚介版ミートソースをご飯にかけてチーズをたっぷりのせたドリア。冷凍シーフードミックスを使うから手軽に作れます。

III. Sabayon
サバイヨン

卵黄に水や白ワインなどの水分を加え、湯せんにかけながら泡立ててとろりとさせた、イタリア生まれのムース状ソース。

サバイヨン・サレ

さわやかな酸味が魚介類や野菜とよく合う、ふんわり軽い、クリーム状のソース。

材料（でき上がり約50g）

卵黄…1個分
白ワイン酢…大さじ1/2
生クリーム…大さじ2
バター…10g
塩、こしょう…各適量

作り方

1 ボウル（金属製）に塩、こしょう以外の材料を入れて混ぜ合わせる。

2 1を湯せんにかけ、泡立て器で混ぜながら熱を入れる（**a**）。

3 しばらく混ぜていると、白っぽく、ふんわりもったりしてくる（**b**）。マヨネーズよりややゆるいくらいの状態になったら湯せんからはずし、塩、こしょうで味をととのえる。

Advice
湯せんは、鍋に湯を沸かし（約80℃）、鍋の口径より小さいボウル（金属製）に加熱したい材料を入れてその底を湯にあて、混ぜながら熱を通していきます。全体にやさしく熱が伝わるので、材料が焦げたり、分離したりすることなく加熱できます。

サバイヨン・シュクレ

フルーツとの相性がとてもいい、デザート用のほんのり甘いソース。

材料（でき上がり約100g）

卵黄…1個分
グラニュー糖…30g
白ワイン…30ml
生クリーム…40ml

作り方

1 ボウル（金属製）に卵黄とグラニュー糖を入れ、泡立て器で底をこするようにしてすり混ぜる。

2 1を湯煎にかけ、白ワインを少しずつ加えながら泡立て器で混ぜる。白っぽくもったりしたら湯せんからはずし、さらに混ぜた筋が残るくらいまで泡立てる。

3 別のボウルに生クリームを入れ、泡立て器でとろりとするまで（6〜7分立て）泡立てる。

4 2に3を加え（**a**）、手早く混ぜ合わせる。

Ⅳ. Flan
フラン

材料をただ混ぜるだけの、とってもシンプルなソース。
オムレツやプリンに似た、卵の風味がやさしくて懐かしい味わい。

フラン・サレ

リッチで濃厚な塩味フラン。チーズやハーブを加えるなど、アレンジは自由自在。

材料(でき上がり約250g)
卵…2個
生クリーム…180ml
塩、こしょう…各適量

作り方

1 ボウルに卵を割り入れ、泡立て器で卵白のこしを切るように溶きほぐす。

2 生クリームを少しずつ加え、泡立てないように混ぜる(**a**)。

3 塩、こしょうで味をととのえる。

フラン・シュクレ

お菓子用の甘いフラン。粉はダマにならないように、ふるって加えます。

材料(でき上がり約200g)
卵…1個
薄力粉…10g
グラニュー糖…40g
牛乳…60ml
生クリーム…60ml

作り方

1 薄力粉は一度ふるう。

2 牛乳と生クリームを混ぜ合わせる。

3 ボウルに卵を割り入れ、泡立て器で卵白のこしを切るように溶きほぐす。

4 グラニュー糖を加え、すり混ぜる。

5 1を加え、泡立て器で粉気がなくなるまで混ぜる(**a**)。

6 2を少しずつ加え、泡立てないように混ぜる。

かきとほうれん草のグラチネ サバイヨン仕立て

少し酸味のあるソースとスパイシーな香りで、
ふわっと軽い味わいに仕上げたグラチネ。かきのおいしい時季にどうぞ。

材料(2人分)

かき(むき身)…大6個
ほうれん草…1/2束
サバイヨン・サレ…基本の分量
バター…10g
片栗粉…適量
塩、こしょう…各適量
カレー粉…適量

■ オーブンを230℃に予熱する。
➡ p.62を参照してサバイヨン・サレを作る。

作り方

1 かきは片栗粉をまぶし、軽くもんでぬめりと汚れを取り、さっと洗って水気をふき取る。

2 ほうれん草は5cm長さに切る。

3 フライパンにバター半量を溶かし、**1**を両面こんがりと焼いて取り出す。

4 **3**のフライパンに残りのバターを加えて**2**を炒め、塩、こしょうで味をととのえる。

5 耐熱容器に**4**を分け入れて**3**を並べ(**a**)、サバイヨン・サレをかけて、230℃のオーブンで焼き色がつくまで5分ほど焼き、カレー粉をふる。

鯛のグラチネ
サバイヨン仕立て

サバイヨンのやさしい酸味と香ばしさが、
鯛の上品な味わいを引き立てます。
セロリの独特の風味と歯応えがアクセント。

材料(2人分)
鯛(刺身用)…1さく(約130g)
セロリ…1/2本
サバイヨン・サレ…基本の分量
塩、こしょう…各適量
オリーブ油…小さじ1
ピンクペッパー(砕く)…適宜

■ オーブンを230℃に予熱する。
→ p.62を参照してサバイヨン・サレを作る。

作り方

1 鯛は塩、こしょうをして10分ほどおく。

2 セロリは斜め薄切りにする。

3 耐熱容器に**2**を敷いて軽く塩、こしょうをし、**1**をのせてオリーブ油を回しかけ、230℃のオーブンで3分焼く(**a**)。

4 3にサバイヨン・サレをかけ、再び230℃のオーブンで焼き色がつくまで5分ほど焼き、好みでピンクペッパーを散らす。

Sabayon *chapitre2*

帆立貝とかぶのフラン

帆立貝柱とかぶのやさしい風味を生かしたフラン。
ふわっとやわらかな口当たりが印象的です。

材料（2人分）

帆立貝柱…6個
かぶ…2個
玉ねぎ…1/4個
フラン・サレ…基本の分量
塩、こしょう…各適量
オリーブ油…小さじ1

■ オーブンを180℃に予熱する。

→ p.63を参照してフラン・サレを作る。

作り方

1 帆立貝柱は4等分に切る。

2 かぶは茎を1cmほど残し、皮をむいて6～8等分のくし形切りにする。玉ねぎは薄切りにする。

3 フライパンにオリーブ油を熱し、2を炒める。玉ねぎがしんなりしたら1を加えて軽く炒め合わせ（a）、塩、こしょうで味をととのえる。帆立貝柱に火を通しすぎないように注意する。

4 耐熱容器に3を入れてフラン・サレを流し入れ、180℃のオーブンで焼き色がつくまで30分ほど焼く。

Advice

帆立貝柱は生のまま使うと水分が出てくるので、かぶとともに炒めておきます。このとき、火を通しすぎると帆立はかたくなり、かぶはやわらかくなって崩れてしまうので、様子を見ながら炒めてください。

Flan *chapitre 2*

かぼちゃと
ブルーチーズのフラン

かぼちゃの甘みがブルーチーズの塩気で際立ちます。
かぼちゃは牛乳でやわらかく煮てからグラチネします。

材料(2人分)
かぼちゃ…1/8個(正味100g)
玉ねぎ…1/4個
ブルーチーズ…40g
フラン・サレ…基本の分量
牛乳…100ml
バター…10g
塩、こしょう…各適量

■ オーブンを180℃に予熱する。
→ p.63を参照してフラン・サレを作る。

作り方

1 かぼちゃは3cm角に切る。玉ねぎは薄切りにする。

2 ブルーチーズは1.5cm角に切る。

3 鍋にバターを溶かし、1を炒める。玉ねぎがしんなりしたら牛乳を加え、かぼちゃがやわらかくなるまで煮て、塩、こしょうで味をととのえる(**a**)。途中で水分が少なくなったら水を適宜足す。

4 耐熱容器に3を汁気をきって入れ、ブルーチーズを散らしてフラン・サレを流し入れ、180℃のオーブンで焼き色がつくまで30分ほど焼く。

a

Flan *chapitre2*

きのこと栗のフラン

ほっくりとしたやさしい甘みが広がる甘栗を使った、秋の味覚満載のフラン。
生地にパルミジャーノを加えてコクと風味をアップ。

材料(2人分)

マッシュルーム…3個
まいたけ…1/2パック
玉ねぎ…1/4個
甘栗…4個
＊ここでは渋皮つきを使ったが、通常の甘栗でもよい。
フラン・サレ…基本の分量
パルミジャーノ(すりおろす)…20g
塩、こしょう…各適量
オリーブ油…小さじ1

■ オーブンを180℃に予熱する。
➡ p.63を参照してフラン・サレを作る。

作り方

1 マッシュルームは4つ割りにし、まいたけは石づきを切り落とし、小房に分ける。玉ねぎは薄切りにし、甘栗は縦半分に切る。

2 フライパンにオリーブ油を熱し、きのこと玉ねぎを炒める。玉ねぎがしんなりしたら甘栗を加えてさっと炒め合わせ、塩、こしょうで味をととのえる。

3 フラン・サレにパルミジャーノを加えて混ぜ、塩、こしょうで味をととのえる。

4 耐熱容器に**2**を入れて(**a**)、**3**を流し入れ、180℃のオーブンで焼き色がつくまで30分ほど焼く。

a

憧れのあの一品

オニオングラタンスープ

材料（2人分）
玉ねぎ…中1個（約200g）
ブイヨンキューブ…1個
水…500ml
バゲット（薄切り）…6枚
グリュイエール…適量
塩、粗びき黒こしょう…各適量
オリーブ油…大さじ1

■オーブンを230℃に予熱する。

> **Advice**
> 手間は同じなので、玉ねぎ2〜3個を一度に炒め、小分けにして冷凍しておくと便利です。

1 下準備

玉ねぎは縦半分に切って芯を取り除き、繊維に沿ってごく薄く切る。ブイヨンキューブは細かく砕く。グリュイエールは細切りにする。

memo・玉ねぎは均一に火が通るように、厚さをそろえて切ります。

2 玉ねぎを炒める

フライパンにオリーブ油を熱し、玉ねぎを入れて木べらで混ぜながら強火で炒める。しんなりしたら弱めの中火にし、全体があめ色のペースト状になるまで炒める。途中で水気がなくなってきたら、そのつど水を大さじ3（分量外）ほど加え、しっとりとした状態で炒める。

memo・火加減を弱中火にしてからは混ぜ続けていると色づきにくいので、様子を見て、焦げつきそうになったら鍋底をこそげるようにしてかき混ぜます。ただし、最後の10分ぐらいは焦げやすいので、目を離さずに混ぜながら炒めましょう。焦がしてしまうと、仕上がりが苦くなります。炒め時間は40〜50分。

3 スープを作る

分量の水を注ぎ、ブイヨンキューブを入れて強火にする。煮立ってアクが出てきたらすくい取り、弱火にして10分ほど煮る。味をみて塩と粗びき黒こしょうで味をととのえる。スープを煮ている間に、バゲットを軽く焼き色がつくまで焼く。

memo・バゲットはトースター、またはオーブンでカリッとするまで焼きましょう。

4 焼く

耐熱容器にスープを分け入れ、焼いたバゲットを浮かべてグリュイエールをたっぷりのせ、230℃のオーブンでチーズが溶けて焼き色がつくまで10分ほど焼く。

とろっとろ玉ねぎの甘さと、
カリカリに焼けたチーズの香ばしさが絶妙な
オニオングラタンスープ。
寒さ厳しい冬のパリで、凍えた体をやさしく温めてくれる
このスープは、ビストロやカフェの定番メニューです。
玉ねぎがあめ色になるまでの時間もまた、
おいしい調味料のひとつです。

憧れのあの一品

時短タイプのオニオングラタンスープ

材料（2人分）

玉ねぎ…中1個（約200g）
ブイヨンキューブ…1個
▶細かく砕く
水…500ml
バゲット（薄切り）…6枚

グリュイエール…適量
▶細切りにする
塩、こしょう…各適量
オリーブ油…大さじ1

■オーブンを230℃に予熱する。

1 玉ねぎを加熱する

玉ねぎは縦半分に切って芯を取り除き、繊維に沿ってごく薄く切る。これを耐熱ガラスボウルに入れ、オリーブ油大さじ1/2、塩少々を加えて混ぜ合わせ、ラップをふんわりとかけて、電子レンジで4分ほど加熱し、取り出して全体を混ぜる。再びラップをかけ、3分ほど加熱して混ぜる。

memo・玉ねぎは均一に火が通るように、厚さをそろえて切ります。塩を加えて加熱することで玉ねぎの水分が抜けやすくなり、下味もつきます。加熱で辛みも抜け、玉ねぎの甘みが引き出されます。

2 玉ねぎを炒める

フライパンにオリーブ油大さじ1/2を熱し、玉ねぎを入れて木べらで混ぜながら強火で炒める。しんなりしたら弱めの中火にし、全体があめ色のペースト状になるまで炒める。途中で水気がなくなってきたら、そのつど水を大さじ3（分量外）ほど加え、しっとりとした状態で炒める。

memo・火加減を弱中火にしてからは混ぜ続けていると色づきにくいので、様子を見て、焦げつきそうになったら鍋底をこそげるようにしてかき混ぜます。ただし、後半の10分ぐらいは焦げやすいので、目を離さずに混ぜながら炒めましょう。焦がしてしまうと、仕上がりが苦くなります。炒め時間は20～30分。

3 スープを作る

分量の水を注ぎ、ブイヨンキューブを入れて強火にする。煮立ってアクが出てきたらすくい取り、弱火にして10分ほど煮る。味をみて塩、こしょうで味をととのえる。スープを煮ている間に、バゲットを軽く焼き色がつくまで焼く。

memo・バゲットはトースター、またはオーブンでカリッとするまで焼きましょう。

4 焼く

耐熱容器にスープを分け入れ、焼いたバゲットを浮かべてグリュイエールをたっぷりのせ、230℃のオーブンでチーズが溶けて焼き色がつくまで10分ほど焼く。

玉ねぎをじっくりゆっくりあめ色になるまで炒めるのが
おいしさのポイント。とはいえ、これが高いハードルでもあります。
そのハードルをちょっと低くできる裏ワザが玉ねぎの電子レンジ加熱。
手間と時間が半減する、簡単オニオングラタンスープをご紹介します。

きのこのつぼ焼き

材料(2人分)

パン生地
- 強力粉…100g
- ドライイースト…小さじ1/3
- 砂糖…小さじ2
- 塩…ひとつまみ
- 牛乳…60ml
  - ▶人肌に温める
- 溶き卵…大さじ1
- バター…5g
  - ▶室温にもどす
- 打ち粉(薄力粉)…適量
- 溶き卵…適量

- 鶏胸肉…1/3枚(約80g)
- しめじ…1/2パック
  - ▶小房に分ける
- マッシュルーム…4個
  - ▶4等分に切る
- 玉ねぎ…1/4個
  - ▶薄切りにする
- 薄力粉…大さじ2
- 牛乳…200ml
- サワークリーム…50g
- 塩、こしょう…各適量
- バター…10g

■ オーブンを200℃に予熱する。

1 パン生地を作る

ボウルに強力粉、砂糖、塩を一緒にふるい入れ、ドライイーストを加えて中央をくぼませる。そこに牛乳と溶き卵を入れ、手で周囲の粉を少しずつ崩しながら混ぜ合わせていく。全体がなじんだらバターを加え、なめらかになるまでよくこねる。

生地がなめらかになったら、ひとまとめにして丸め、ラップをかけて温かい場所(約28℃)に50分ほど置いて発酵させる。

生地が約2倍の大きさになればよい。

memo・夏は室温でOK。冬は発泡スチロールの箱に湯(約90℃)を入れた容器と一緒に入れる、湯(約70℃)をはった蒸し器に入れるなどの方法があります。オーブンレンジに発酵機能があればそれを利用しましょう。

2 きのこスープを作る

鶏胸肉は2cm角に切り、軽く塩、こしょうする。鍋にバターを溶かして鶏肉を炒め、色が変わったら玉ねぎときのこを加える。玉ねぎがしんなりするまで炒めたら薄力粉をふり入れ、粉っぽさがなくなるまでよく炒める。

牛乳を少しずつ加えてよく混ぜ、ひと煮立ちしたら弱火で2〜3分煮る。とろみがついたらサワークリームを加えて混ぜ合わせ、塩小さじ2/3とこしょうで味をととのえる。

3 焼く

台に打ち粉を薄くふってパン生地を置き、2等分して丸め、耐熱容器の口径より3cmほど大きくなるようにめん棒で丸くのばす。温かいきのこスープを容器に分け入れる。

容器の縁に溶き卵を刷毛で塗り、パン生地を貼り付ける。縁をしっかり押さえ、容器にくっつける。パン生地の表面にも溶き卵を塗り、200℃のオーブンでパン生地がふんわりと膨らみ、焼き色がつくまで12分ほど焼く。

ロシア料理の定番メニュー。
パン生地をかぶせてこんがり焼き上げた、
本格的なつぼ焼きです。
サワークリームを加えた濃厚なクリームスープに、
きのこのうまみが溶け込んだ深い味わい。
帽子のようにふくらんだパンは、
ちぎりながらスープと一緒にいただきます。
お腹も心も満たしてくれる、とっておきの一品です。

サクサクのパイをはずすと、
閉じ込められていたきのこの香りが立ち上ってきます。
おしゃれな一品も、冷凍パイシートを使えば
とっても簡単！

憧れのあの一品

きのこのスープ
パイ包み焼き

材料(2人分)

冷凍パイシート…1枚　　サワークリーム…50g
鶏胸肉…1/3枚　　　　　塩…適量
しめじ…1/2パック　　　こしょう…適量
マッシュルーム…4個　　バター…10g
玉ねぎ…1/4個　　　　　打ち粉(薄力粉)…適量
薄力粉…大さじ2　　　　溶き卵…適量
牛乳…200ml

オーブンを200℃に予熱する。

作り方

1 「きのこのつぼ焼き」の作り方2 (p.74)を参照して、きのこスープを作る。

2 冷凍パイシートは室温にしばらく置き、指で押して跡がつくくらいのやわらかさになったら、打ち粉を薄くふった台に置いて、めん棒で元のサイズの倍くらいの大きさにのばす(**a**)。これを縦半分に切る。

3 耐熱容器に温かいきのこスープを分け入れ、容器の縁に溶き卵を刷毛で塗る(**b**)。

4 2を貼り付け、縁をしっかり押さえて容器にくっつける。パイ生地の表面にも溶き卵を塗る(**c**)。

5 200℃のオーブンで、パイ生地がふんわりと膨らみ、焼き色がつくまで10分ほど焼く。

76

chapitre

3

日本のグラチネ

なすの田楽

焦げたみそが香ばしい田楽は日本のグラチネ！
揚げたなすが口の中でとろっと溶ける、和洋コラボの具だくさん田楽です。

材料（2人分）
米なす…1個
えび（殻つき）…3尾
アボカド…1/2個
パプリカ（赤）…1/4個
モッツァレラ…1/4個
田楽みそ
　┌ 赤だしみそ…50g
　│ 砂糖…大さじ2
　│ みりん…大さじ2
　└ 酒…大さじ2
酒…少々
揚げ油…適量

🔥 オーブンを230℃に予熱する。

作り方

1 小鍋に田楽みその材料を入れて弱火にかけ、とろりとするまで木べらなどで混ぜながら煮る（**a**）。

2 米なすはへたを残してがくだけを切り落とし、縦半分に切る。切り口の縁に沿ってぐるっと切り目を入れ、さらに格子状の切り目を入れる（**b**）。

3 揚げ油を170℃に熱して**2**を素揚げする（**c**）。皮の色が鮮やかになり、菜箸でつかむと少しへこむくらいになったら取り出し、油をきる。

4 えびは背わたを取り、酒を加えた熱湯でさっとゆでて殻をむき、3〜4等分に切る。アボカド、パプリカ、モッツァレラは2cm角に切る（**d**）。

5 **3**に**4**をバランスよくのせて田楽みそをかけ（**e**）、230℃のオーブンで焼き色がつくまで5分ほど焼く。

Façon japonaise *chapitre3*

豆腐のラザニア

パスタの代わりに豆腐を使ったふんわりラザニア。
ホワイトソースはおろしれんこんを利用したヘルシーソース。

材料（2人分）

木綿豆腐…1丁（300g）
和風ミートソース
　合いびき肉…200g
　しいたけ…3枚
　長ねぎ…1本
　水煮トマト（缶詰。カットタイプ）
　　…1/2缶（200g）
　A　みそ…大さじ2と1/2
　　　酒…大さじ2
　　　しょうゆ…大さじ1
　サラダ油…小さじ1
和風ホワイトソース
　れんこん（正味）…100g
　牛乳…200ml
　塩、こしょう…各適量
シュレッドチーズ…ふたつかみ

■ オーブンを200℃に予熱する。

作り方

1 木綿豆腐はキッチンペーパーで包み、電子レンジで1分ほど加熱して水きりをする。これを半分の厚さに切り、それぞれを縦半分に切る。

2 和風ミートソースを作る。しいたけは石づきを切り落としてみじん切りに、長ねぎもみじん切りにして、サラダ油を熱したフライパンで炒める。しいたけがしんなりしたら合いびき肉とAを加え、ひき肉がポロポロになるまで炒め、水煮トマトを加えて汁気がなくなるまで煮詰める。

3 和風ホワイトソースを作る。れんこんをすりおろして小鍋に入れ、牛乳を加えて混ぜながら煮る。とろみがついたら塩、こしょうで味をととのえる（**a**）。

4 耐熱容器に3を敷いて1の豆腐を重ならないようにのせ、3、2を順に重ね（**b**）、シュレッドチーズをひとつかみ散らす。再び豆腐をのせ、同じ手順でソースとチーズを重ねて2層にする。

5 200℃に予熱したオーブンに入れ、焼き色がつくまで20分ほど焼く。

Façon japonaise *chapitre3*

お麩のすき焼き風グラチネ

甘辛い割り下が口の中でじゅわっと広がる車麩。焼いた香ばしさが加わって、ひと味違うすき焼きに。ご飯にのせて食べたくなるおいしさです。

材料(2人分)

牛薄切り肉(すき焼き用)…200g
車麩…2個
長ねぎ…1本
割り下
　しょうゆ…大さじ3
　砂糖…大さじ2
　酒…大さじ1
　水…大さじ2
卵…2個
牛脂…適量

■ オーブンを230℃に予熱する。

作り方

1 車麩は水に15分ほど浸してやわらかくもどし、手のひらではさむようにして水気を押し絞り、4等分に切る。

2 長ねぎは斜め切りにする。

3 割り下の材料を混ぜ合わせる。

4 フライパンに牛脂を熱し、**1**と**2**を焼く。長ねぎが少ししんなりしたら牛肉を加えてさっと焼き、割り下を加えて汁が温まる程度に煮る。

5 耐熱容器に**4**を移し、卵を溶きほぐして回しかけ(**a**)、230℃のオーブンで卵が半熟状態になるまで5分ほど焼く。

a

Façon japonaise chapitre3

大根のゆず肉みそ田楽

じっくり焼いて甘みを増した大根に、
さわやかなゆず風味の肉みそをたっぷりかけたグラチネ。
ご飯がすすむヘルシーおかずです。

材料(2人分)

大根…1/4本
鶏ひき肉(もも肉)…150g
ゆず皮…1/3個分
A ┃ 白みそ…大さじ2
　 ┃ しょうが汁…小さじ1
　 ┃ しょうゆ…小さじ1
　 ┃ 酒…大さじ1
サラダ油…大さじ1/2

オーブンを230℃に予熱する。

作り方

1 大根は皮をむいて1cm厚さの半月切りにする。

2 ゆず皮はせん切りにし、飾り用に少量取り分ける。

3 小鍋に鶏ひき肉を入れ、Aを加えてよく練り混ぜる。これを弱火にかけ、焦がさないように混ぜながら炒める。ひき肉に火が通ったら2を加えてさっと混ぜる(**a**)。

4 フライパンにサラダ油を熱し、1を焼く。焼き目がついたら裏返し、蓋をして火が通ってやわらかくなるまで蒸し焼きにする。

5 耐熱容器に4を並べ、上から3をかけ、230℃のオーブンで焼き色がつくまで10分ほど焼く。飾り用のゆず皮を散らす。

鶏肉と里いものグラチネ 豆乳仕立て

やさしい風味の豆乳ホワイトソースに、ほっこり、ねっとりとした里いもがコクを加えてくれます。どこかほっとする和テイストグラチネです。

材料（2人分）

鶏もも肉…1枚（約250g）
里いも…3個
長ねぎ…1本
豆乳ホワイトソース…200g
A ┌ パン粉…大さじ2
　└ オリーブ油…小さじ1/2
バター…10g
塩、こしょう…各適量

■ オーブンを230℃に予熱する。
➡ p.41を参照して豆乳ホワイトソースを作る。

作り方

1 鶏もも肉は3cm角に切り、塩、こしょうをする。

2 里いもは皮をむいて1cm厚さの輪切りにする。長ねぎは1cm幅の斜め切りにする。

3 Aの材料を混ぜ合わせる。

4 フライパンにバターを溶かし、1を皮目から焼く。軽く焦げ目がついたら裏返し、同様に焼いて取り出す。

5 4のフライパンで2の里いもと長ねぎを焼く。里いもはやわらかくなるまでしっかり焼く。

6 5に4の鶏肉を戻し入れ、豆乳ホワイトソースを加えて混ぜ合わせ、塩、こしょうで味をととのえる。

7 耐熱容器に6を入れ（a）、3をふりかけて、230℃のオーブンで焼き色がつくまで10分ほど焼く。

a

Façon japonaise *chapitre3*

かにときのこの和風ドリア

山いも入り豆腐ホワイトソースはふわふわとろーり。
バターしょうゆ味の焼き飯とは最高のコンビ。

材料(2人分)

かに(缶詰)…70g
しめじ…1/2パック
しいたけ…1枚
長ねぎ…1/2本

山いもホワイトソース
　山いも(すりおろす)…100g
　絹ごし豆腐…100g
　牛乳…200ml
　塩、こしょう…各適量

温かいご飯…茶碗2杯分
バター…20g
しょうゆ…小さじ1
塩、こしょう…各適量
シュレッドチーズ…ひとつかみ
パセリのみじん切り…適量

■オーブンを230℃に予熱する。

作り方

1 山いもホワイトソースを作る。鍋に牛乳を入れ、山いもと豆腐を加えて泡立て器で混ぜ合わせる。全体がなじんだら中火にかけ、混ぜながらとろみがつくまで煮て、塩、こしょうで味をととのえる。火からおろし、粗熱が取れたらミキサーにかけて(または裏ごして)なめらかにする。

2 かにには軟骨を取り除き、身をほぐす。

3 しめじ、しいたけはともに石づきを切り落とし、粗みじん切りにする。長ねぎはみじん切りにする。

4 フライパンにバターを溶かし、**3**を炒め、しんなりしたら**2**を加え、さらに温かいご飯をほぐし入れてパラリと炒め、しょうゆを加えて塩、こしょうで味をととのえる。

5 耐熱容器に**4**を入れ、**1**をかけてシュレッドチーズを散らし、230℃のオーブンで焼き色がつくまで10分ほど焼く。パセリのみじん切りを散らす。

冬野菜のグラチネ 酒かす仕立て

酒かすで作るホワイトソースは、チーズのような濃厚な味わい。
お腹の中からポカポカになれる、たっぷり野菜のグラチネです。

材料（2～3人分）

かぶ…2個
れんこん…5cm長さ
長ねぎ…1本
ブロッコリー…1/2株

酒かすホワイトソース
┌ 酒かす(板かす)…40g
│ みそ…大さじ1
│ 牛乳…1カップ
└ 塩…適量

オリーブ油…小さじ1
塩…適量

▬ オーブンを230℃に予熱する。

作り方

1 酒かすホワイトソースを作る。小鍋に酒かすを小さくちぎって入れ、みそ、牛乳を加えて泡立て器で溶き混ぜ、全体がなじんだら弱火にかけて混ぜながら煮る（**a**）。とろみがついたら塩で味をととのえる。

2 かぶは茎を1cmほど残して6等分のくし形切りにする。れんこんは1cm厚さの半月切りにし、長ねぎは2cm長さのぶつ切りにする。ブロッコリーは小房に分ける。

3 フライパンにオリーブ油を熱し、**2**の野菜をやわらかくなるまで焼き（**b**）、軽く塩をする。

4 耐熱容器に**3**を入れて**1**をかけ（**c**）、230℃のオーブンで焼き色がつくまで7分ほど焼く。

Façon japonaise *chapitre3*

お餅のたらこチーズグラチネ

もっちもち、あっちっち〜のお餅グラチネ。
おやつや酒の友にぴったり。
焼きたてにしょうゆをジュッとかけていただきます。

材料(2人分)
切り餅…2個
たらこ…3cm（約1/3腹）
バター（室温でやわらかくする）…10g
シュレッドチーズ…ひとつかみ
しょうゆ、焼きのり…各適量
■ オーブンを200℃に予熱する。

作り方
1 切り餅は3等分に切る。

2 たらこは身をほぐし、バターと混ぜ合わせる。

3 耐熱容器の底と側面にバター（分量外）を塗り、1を並べ、200℃のオーブンで餅が膨れるまで5分ほど焼く。

4 餅の上に2のたらこバターをのせ、シュレッドチーズをかけて再び200℃のオーブンで焼き色がつくまで5分ほど焼く。しょうゆをかけ、焼きのりをちぎって散らす。

Façon japonaise *chapitre3*

焼きおむすび風グラチネ

やさしくて懐かしいみそ焼きおむすびをグラチネにアレンジ。ご飯の下には、みそをからめた焼き鳥が隠れています。

材料(2人分)

鶏もも肉…1/2枚(約125g)
温かいご飯…茶碗2杯分

田楽みそ
┌ 赤だしみそ…50g
│ 砂糖…大さじ2
│ みりん…大さじ2
└ 酒…大さじ2

七味唐辛子…適量
A ┌ 白ごま…大さじ1
　└ 長ねぎのみじん切り…大さじ1
サラダ油…小さじ1

■ オーブンを230℃に予熱する。

作り方

1 小鍋に田楽みその材料を入れて弱火にかけ、とろりとするまで木べらなどで混ぜながら煮る。

2 鶏もも肉は1cm角に切る。

3 フライパンにサラダ油を熱し、**2**を炒める。火が通ったら**1**の田楽みそ大さじ2を加えてからめながら炒め、七味唐辛子をふる。

4 耐熱容器に**3**を入れ、上からご飯を詰めて平らにする。

5 残りの田楽みそに**A**を混ぜ合わせ、**4**の上に塗り、230℃のオーブンで焼き色がつくまで5分ほど焼く。

チーズカタログ
Cheese catalog

数あるチーズの中から、おすすめのチーズをセレクト。単品はもちろんのこと、ミックス使いもOK。今日はどのチーズ？それもグラチネ作りの楽しさです。

パルミジャーノ・レッジャーノ
イタリアチーズの王様と称される人気のチーズ。熟成期間が長く、うまみが凝縮され、豊かなコクと深い風味をもつ。ひとかけするだけでおいしさがアップする、万能調味料のようなチーズ。おろしたての風味は格別。

モッツァレラ
見た目はまるで豆腐のよう。カードと呼ばれる固めたミルクを熱湯の中で練り上げ、引きちぎって成形する。熟成させていないのでフレッシュでクセがなく、ミルクの風味が楽しめる。加熱するととろりと溶けて糸を引く。

シュレッドチーズ
加熱処理をしていないナチュラルチーズを刻んだもの。ゴーダ、エメンタール、モッツァレラなど、数種をミックスしたタイプもある。マイルドな風味となめらかな溶け具合、使いやすさが特徴。ピザ用チーズとも呼ばれる。

クリームチーズ
生クリーム、またはクリームと牛乳を混ぜ合わせ、乳酸発酵させて作る非熟成のフレッシュチーズ。軽い酸味とバターのようなまろやかな風味があり、しっとりとしてキメが細かく、クリーミーな味わいが特徴。

ブルーチーズ
塩味が強く、青かび独特の匂いとピリッとした刺激をもつ。ホワイトクリームに少量効かせ味に使うなど、効果的に使えるチーズ。ロックフォール、ゴルゴンゾーラ、スティルトンがよく知られる。

マリボー（上）
弾力があってクセがなく、マイルドな風味が特徴。加熱するとよく伸びる。どんな食材ともよく合う。

グリュイエール（下）
豊かなコクをもち、伸びがとてもいい。このチーズをかけて焼くだけで、手軽にグラチネが楽しめる。

chapitre 4

デザートも
グラチネで！

りんごとプルーンのグラチネ

シナモンの甘い香りがふわっと広がるクランブルがアクセント。
りんごで作るブランデー、カルバドスやキルシュなどを加えるとさらに美味。

材料(2人分)
りんご…小2個
　▶皮つきのまま一口大に切る
プルーン(種なし)…5個
　▶半分に切る
クランブル・シュクレ…基本の分量
シナモンパウダー…小さじ1/2
グラニュー糖…30g
バター…20g

🔲 オーブンを200℃に予熱する。
➡ p.108を参照してクランブル・シュクレを作る。

1 シナモンクランブルを作る
クランブル・シュクレにシナモンパウダーを混ぜる。

2 フルーツを炒める
フライパンにバターを溶かし、りんごとプルーンを入れてグラニュー糖を加え、りんごがやわらかくなるまで炒める。

3 焼く
耐熱容器に2を入れて1のシナモンクランブルをふりかけ、200℃のオーブンで焼き色がつくまで25分ほど焼く。

Dessert *chapitre4*

フルーツのグラチネ
サバイヨン仕立て

簡単に作れる、華やかでおしゃれな大人のデザート。
白ワインの香りとふんわりとした甘みがフルーツの酸味を引き立てます。

材料(2人分)
いちご…2個
▶縦3等分に切る
キウイ…1/2個
▶1cm厚さの半月切りにする
パイナップルのスライス…1枚
▶一口大に切る
オレンジ…1/2個
▶房と房の間に切り込みを入れて果肉を切り取る
ブルーベリー…6粒
フランボワーズ…4粒
サバイヨン・シュクレ…基本の分量
バニラアイスクリーム…適量

🔥 オーブンを230℃に予熱する。
➡ p.62を参照してサバイヨン・シュクレを作る。

1 盛りつける

耐熱皿にアイスクリームをのせる場所をあけて、フルーツをバランスよく盛りつける(写真は1人分)。

2 焼く

サバイヨン・シュクレを回しかけ、230℃のオーブンで薄く焼き色がつくまで5分ほど焼く。バニラアイスクリームを盛る。

Dessert *chapitre4*

バナナのアーモンドクランブル

香ばしいカリカリのアーモンドクランブルと、
ねっとりふにゃふにゃのバナナがいい感じ。
混ぜてカットして焼くだけの手軽なデザート。

材料(2人分)

バナナ…2本
ブランデー…小さじ1
アーモンドクランブル…基本の分量

■ オーブンを200℃に予熱する。

➡ p.108〜109を参照してアーモンドクランブルを作る。

作り方

1 バナナは1cm厚さの輪切りにする。

2 耐熱容器に1を並べ入れ、ブランデーを回しかけてアーモンドクランブルをふりかける。

3 200℃のオーブンで焼き色がつくまで25分ほど焼く。

Dessert chapitre4

さつまいもの甘酒フラン

ノンアルコールで栄養たっぷりの甘酒で作る
ヘルシースイーツ。甘酒とさつまいもの
自然な甘みを生かしたやさしい味わい。

材料（2人分）

さつまいも…小2本
卵…1個
薄力粉…10g
砂糖…5g
牛乳…50ml
甘酒（濃縮タイプ）…100ml

オーブンを180℃に予熱する。

作り方

1 さつまいもは皮つきのまま蒸気の上がった蒸し器でホクホクになるまで15分ほど蒸し、2cm厚さの輪切りにする。

2 ボウルに卵を溶きほぐし、薄力粉と砂糖を加えて泡立て器でよく混ぜ、牛乳、甘酒を順に加えて混ぜ合わせる（**a**）。

3 耐熱容器に**1**を入れて**2**を注ぎ（**b**）、180℃のオーブンで焼き色がつくまで30分ほど焼く。

a

b

チェリークラフティ

初夏になると作りたくなる一品。
チェリーの甘酸っぱさに卵のやさしい甘さがよく合います。
生のチェリーがおすすめですが、缶詰でもおいしく作れます。

材料(2人分)

アメリカンチェリー…25個
卵…1個
グラニュー糖…40g
薄力粉…10g
牛乳…60ml
生クリーム…60ml

■ オーブンを180℃に予熱する。

作り方

1 ボウルに卵を溶きほぐし、グラニュー糖と薄力粉を加えて泡立て器でよく混ぜ(**a**)、牛乳、生クリームを加えて混ぜ合わせる。

2 耐熱容器にアメリカンチェリーを並べ、**1**を注ぐ。

3 180℃のオーブンで全体が膨らんで焼き色がつくまで30分ほど焼く。

Advice

フランス中南部、磁器のリモージュ窯で知られるリムーザン地方が発祥とされるさくらんぼのクラフティ。フランスではブラックチェリーが使われますが、日本ならアメリカンチェリーがベスト。使う容器は浅めのものがおすすめ。高さがあると焼き時間が長くなります。チェリーをバナナやりんご、ぶどう、桃などに代えてもおいしくできます。

Dessert *chapitre4*

レモンメレンゲ

甘酸っぱいレモンクリームにふわふわメレンゲをのせてこんわり焼き上げた、懐かしいデザート。味も香りもとってもさわやか！

材料(2人分)

レモンクリーム
- 卵黄…2個分
- A
  - グラニュー糖…25g
  - コーンスターチ…15g
  - 水…200ml
- レモン汁…50ml
- バター…30g

メレンゲ
- 卵白…2個分
- グラニュー糖…25g

■ オーブンを200℃に予熱する。

1 レモンクリームを作る

鍋に卵黄とAを入れて泡立て器で混ぜ合わせ、全体がなじんだら弱火で混ぜながら煮る。とろみがついたらレモン汁を混ぜ、さらにバターを混ぜ合わせ、火を止める。粗熱を取って冷蔵庫で冷やす。

2 メレンゲを作る

大きめのボウルに卵白を入れ、泡立て器でかき混ぜてこしをきってからグラニュー糖を3回に分けて加え、その都度しっかり泡立てる。つやが出て、持ち上げたときに角の先が立つ状態まで泡立てる。

3 焼く

耐熱容器に1を入れ、上に2をのせてテーブルナイフなどでポンポンと軽くたたいて角を立て、200℃のオーブンで角の先に薄く焼き色がつくまで5分ほど焼く。

Dessert *chapitre4*

101

アーモンドパンペルデュ

パンペルデュとはフランス語でフレンチトーストのこと。外はカリッと中はもっちり。アーモンドの風味も香ばしい！朝食にもおすすめです。

材料(2人分)
バゲット…1/2本
牛乳…200ml
卵…1個
アーモンドスライス…適量
グラニュー糖…適量

■ オーブンを200℃に予熱する

作り方

1 バゲットは1.5cm厚さに切る。

2 鍋に牛乳とグラニュー糖30g、アーモンドスライス15gを入れて火にかけ、砂糖が溶けたら火を止めて蓋をし、そのまま10分ほどおいて牛乳にアーモンドの香りを移す。

3 ボウルに卵を溶きほぐし、**2**を加えて混ぜる(**a**)。

4 **3**に**1**を浸し、液がしみ込むまでしばらくおく。

5 耐熱容器に**4**を並べ入れ、アーモンドスライスを散らしてグラニュー糖をたっぷりふり(**b**)、200℃のオーブンで焼き色がつくまで20分ほど焼く。

Dessert chapitre4

材料（2人分）

卵黄…1個分
グラニュー糖…30g
生クリーム…100ml
牛乳…50ml

🔲 オーブンを170℃に予熱する。

作り方

1 卵黄にグラニュー糖を加え、泡立て器でもったりするまですり混ぜる。

2 鍋に生クリームと牛乳を入れて火にかけ、煮立つ直前に火を止める。**1**に少しずつ加え混ぜ、万能こし器などでこす。

3 バットに耐熱容器を並べて天板にのせ（直接のせてもいい）、**2**を注いで熱湯をはり（**a**）、170℃のオーブンで25〜30分蒸し焼きにする。粗熱を取り、冷蔵庫で冷やす。

4 **3**の表面にグラニュー糖（分量外）をたっぷりふりかけ、ガスバーナーでカラメル状に焦がす（**b**）。

memo・料理用のガスバーナーはホームセンターなどで売っています。ない場合はオーブントースターや魚焼きグリルで表面を焦がします。

クレームブリュレ

憧れのスイーツが意外と簡単に作れちゃう！
スプーンで表面を割りながら、カリカリ＆なめらかな口当たりを楽しんで。

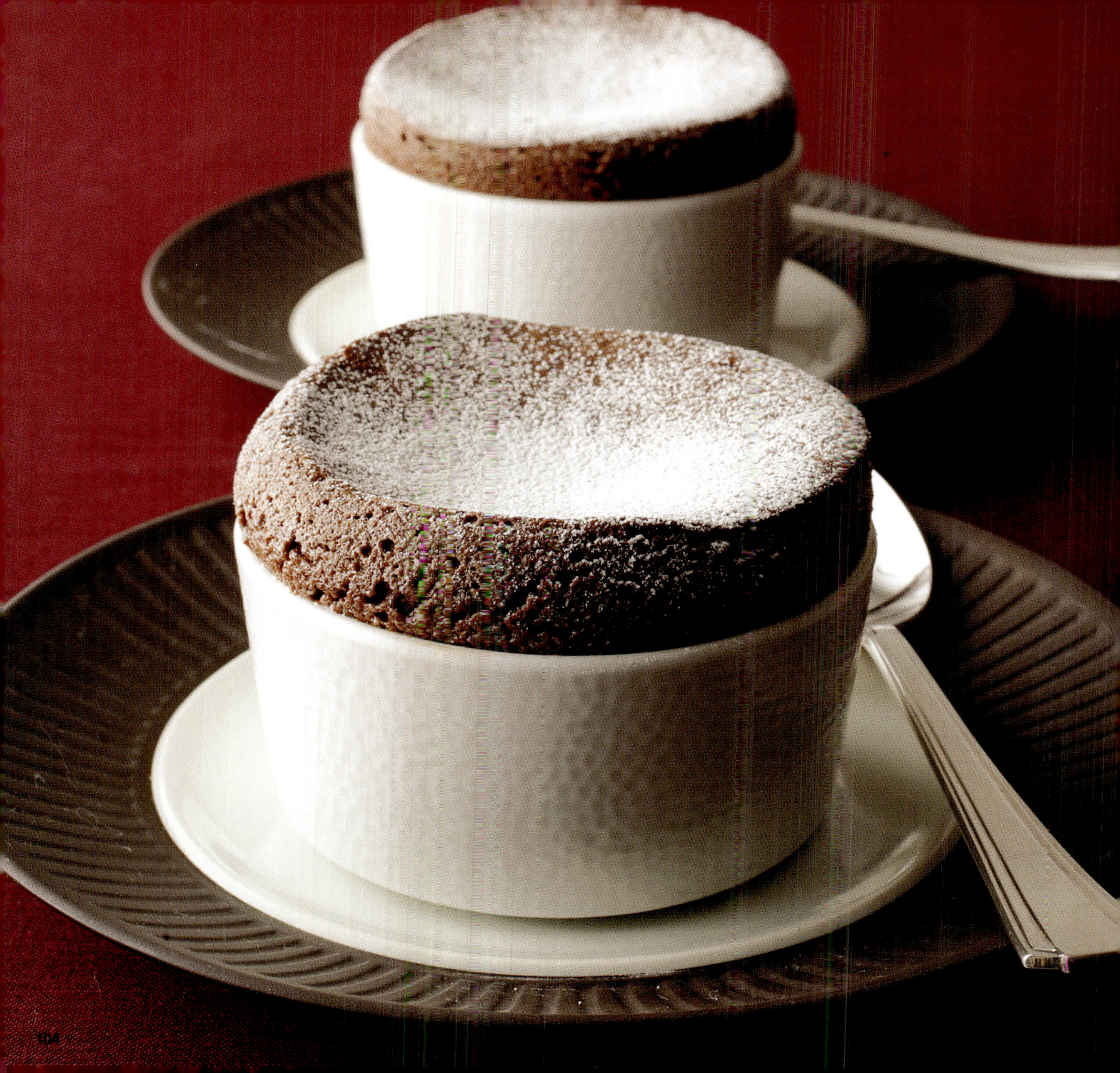

Dessert chapitre4

チョコレートスフレ

スフレのおいしさは何と言っても焼きたてのはかない食感。
焼き上がったらすぐテーブルに運んでいただきましょう！

材料(2人分)
スイートチョコレート(製菓用)…90g
*板チョコ(ブラックチョコレート)でもよい。
卵…3個
牛乳…300ml
グラニュー糖…40g
薄力粉…15g
型用
　バター…適量
　グラニュー糖…適量
粉糖…適量

■ オーブンを200℃に予熱する。

作り方

1 型用のバターを室温においてやわらかくし、スフレ型(またはココット型)に薄く塗り、グラニュー糖をまんべんなくまぶす(**a**)。使うまで冷蔵庫に入れておく。

2 チョコレートは細かく刻む。

3 卵は卵黄と卵白に分け、それぞれボウルに入れる。卵白は使うまで冷蔵庫に入れておく。

4 薄力粉はふるう。

5 卵黄にグラニュー糖20gと薄力粉を加え、泡立て器でよく混ぜる。

6 鍋に牛乳を沸かし、**5**に少しずつ加えてよく混ぜる。これを鍋に戻して中火にかけ、混ぜながら火を入れ、つやが出てとろりとしたら火を止める(**b**)。

7 **6**が熱いうちに**2**を加え、混ぜて溶かす。

8 **3**の卵白を泡立て器でかき混ぜてこしをきってからグラニュー糖20gを2回に分けて加え、つやが出て、角の先が立つ状態まで泡立ててメレンゲを作る。

9 **7**に**8**のメレンゲを加え、ゴムべらで泡をつぶさないようにさっくりと混ぜる。

10 **1**の型に生地を分け入れ、まっすぐ立ち上がるように生地の周囲にぐるりと指で溝をつける(**c**)。200℃のオーブンで15分ほど焼き、十分膨らんだら取り出して、素早く粉糖を茶こしでふる。

memo・焼いている途中でオーブンの扉を開けるとスフレがしぼんでしまうので注意。

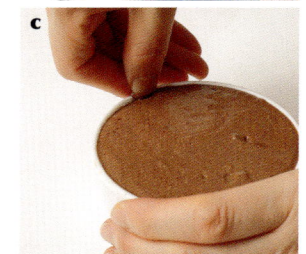

生麩のあずきグラチネ

もちもちの食感とふわっとやさしい香りが魅力の生麩。
上品な甘さが男性にも喜ばれる和スイーツです。

材料(2人分)

あわ麩(生)…6cm長さ
栗の甘露煮…4個
粒あん…大さじ4
クリームチーズ(小分けパック)…2個(1個約15g)
バター…10g
抹茶、きな粉…各適量

オーブンを230℃に予熱する。

作り方

1 あわ麩は1.5cm厚さに切って幅を半分に切り、バターを溶かしたフライパンで薄く焼き色がつくように全面を焼く(**a**)。

2 栗の甘露煮は縦半分に切り、クリームチーズは1cm角に切る。

3 耐熱容器に**1**、**2**を分け入れ、粒あんをかけて230℃のオーブンでクリームチーズがとろりとするまで5分ほど焼く。

4 抹茶ときな粉をそれぞれかける。

Advice

小麦粉に含まれるたんぱく質が主原料の生麩は、高たんぱく、低カロリーの日本の伝統食です。こんがりと焼いた生麩はもちもちとして香ばしく、まるでお餅のよう。粒あんを甘納豆にしたり、黒みつをかけたり、アイスクリームをのせたりと、好みの具をトッピングして和風パフェ感覚で楽しんでください。

Dessert *chapitre4*

クランブルマニュアル

クランブルとは、英語のcrumbl（ぼろぼろになる、崩れる）が語源の、ポロポロとしたそぼろ状の生地。焼くとクッキーみたいにザクザク、カリカリ。甘いだけでなく、塩味のクランブル生地もあってバリエーションは豊富。グラチネのトッピング仲間にぜひ加えてください。

クランブル・シュクレ

材料（作りやすい分量）

薄力粉…30g
グラニュー糖…20g
バター（冷たいもの）…10g

1 粉類を合わせる

ボウルに薄力粉とグラニュー糖を合わせ、よく混ぜる。

2 バターを加える

冷たいバターを加え、スプーンでバターの固まりを崩すようにして粉類となじませる。

3 そぼろ状にする

指先ですり合わせるようにしながら、粉の中でバターをつぶしてそぼろ状にする。

memo・使うのは指先だけ。手のひらを使うとバターがあっという間に溶けてしまいます。指の熱でバターが溶けないうちに、素早く混ぜてください。

4 粒を大きくする

全体が混ざったら、ザクザクという食感を出すため、手で軽く握って粒のサイズを大きくする。

memo・クランブル生地は保存可能。密閉容器または保存袋に入れて、冷蔵庫で1週間、冷凍庫で1か月が目安です。冷凍したものは、凍ったままで使えます。

●クランブル・シュクレと同じ要領で作る。

チーズクランブル

材料(作りやすい分量)
薄力粉…30g
パルミジャーノ…15g
黒こしょう…適量
バター(冷たいもの)…20g

ナッツクランブル

材料(作りやすい分量)
薄力粉…30g
ナッツ(好みのもの)…15g
▶粗く刻む
塩…ひとつまみ
バター(冷たいもの)…20g

アーモンドクランブル

材料(作りやすい分量)
薄力粉…20g
アーモンドプードル…20g
ブラウンシュガー…20g
バター(冷たいもの)…20g

ココアクランブル

材料(作りやすい分量)
薄力粉…30g
ココアパウダー…10g
グラニュー糖…20g
バター(冷たいもの)…20g

オーブンウエアガイド

オーブンからそのまま食卓に出せるのがうれしいグラチネ。
だからこそ、機能性にもデザイン性にも
優れたオーブンウエアを選びたいですね。

アイコンの見方
- …オーブン可
- …IH可
- …電子レンジ可
- …直焚き可
- …直火可
- …食洗機可

■ レヴォル
株式会社三栄コーポレーション
家庭用品部　☎03-3844-8181　http://www.revol.jp/

1789年、フランス革命の年にリヨンの近郊、サン・テューズで誕生した耐熱性磁器ブランド。100%天然素材だけを使用し、1300℃を越す超高温で焼成される製品は、衛生的で衝撃に強く、熱伝導性、保温性に優れている。なめらかな表面は、汚れを落としやすく、においなどが残ることもない。

ベルキュイジーヌ シリーズ
本体と一体成型された持ち手は安定感があり機能的。
材質：耐熱磁器　耐熱温度：-20℃～300℃　カラー：ホワイト

オーバルプレート
- 16.8×15.7×1.3cm　2,100円
- 23.0×21.0×1.5cm　3,675円
- 26.7×25.0×2.0cm　3,990円

レクタンギュラー ロースティングディッシュ
- 16.0×11.0×4.5cm　2,310円

オーバルディッシュ
- 20.0×12.5×3.5cm　2,310円

ラウンドディッシュ
- φ15.0×5.0cm　2,310円

エクリプス シリーズ
漆器を連想させる、チャコールとレッドのスタイリッシュな器。
材質：耐熱磁器　耐熱温度：-20℃～300℃　カラー：チャコール、レッド

レクタンギュラー ロースティングディッシュ
- 19.0×12.5×5.0cm　3,675円

レクタンギュラー ベーキングディッシュ
- 12.0×10.0×4.5cm　2,940円

ラウンドディッシュ
- φ18.5×5.5cm　4,725円

クレムブリュレ
- 12.5×11.5×2.8cm　2,310円

■ ストウブ

ストウブ ☎0120-75-7155　http://www.staub.jp/

1974年、フランス北東部、アルザス地方で設立された、鉄鋳物ホウロウ製品メーカー。厚みのある鉄鋳物は熱伝導率が高く、均一に熱が伝わり、蓄熱性にも優れ、長時間温かい料理を楽しむことができる。内側に施された独自のエマイユ加工が保温性をさらに高めるとともに、焦げつき、におい移りも防ぐ。

ミニシリーズ

食卓に出したあとも、温かさが長時間持続する。

材質：鋳物ホウロウ　カラー：ブラック、グレー

ミニオーバルディッシュ
15cm/容量0.25ℓ　7,875円

ミニレクタンギュラーディッシュ
15×11cm/容量0.25ℓ　7,875円

ミニラウンドディッシュ
φ12cm/容量0.25ℓ　7,350円

ピコ・ココット

下ごしらえから仕上げまで、便利に使える。

材質：鋳物ホウロウ
カラー：ブラック、グレー、レモン、オレンジ、チェリー、グレナディンレッド、ナス、バジルグリーン

ピコ・ココット オーバル
φ11.0cm/容量0.25ℓ　10,500円

ピコ・ココット ラウンド
φ10.0cm/容量0.25ℓ　8,400円

セラミックシリーズ

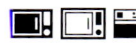

エマイユ加工が施されたセラミックウエア。焦げなどの汚れが落としやすく、手入れが簡単。

材質：耐熱陶器　耐熱温度：−20℃〜250℃
カラー：グレー、ホワイト、オレンジ、チェリー、バジルグリーン

レクタンギュラーディッシュ
15.0×11.0cm　5,250円（2個入り）

■ アポーリア

アポーリア日本事業部／デニオ総合研究所
☎03-5433-4660　http://www.deniau.jp/

古き良きフランスの文化が色濃く残るブルターニュで生まれたキッチンウエアのブランド。天然素材にこだわり、ブルターニュの土と鉛やカドミウムを含まない釉薬で作られる、安心して使える陶器。ナチュラルでニュアンスのある色合いと、ぽってりとした手触りは、使い続けるうちに愛着と魅力が増す。

材質：耐熱陶器　耐熱温度：−20℃〜250℃

レクタンギュラーディッシュ
27.0×15.0×6.0cm　3,150円
カラー：ローズ、ライトチョコ、バイオレット、イエロー、レッド、ライム

プチ キャレ（M）
13.0×10.0×3.5cm　1,260円
カラー：ルージュ、ライム、バイオレット、パンプキン、サフラン

オーバルディッシュ
17.0×13.5×5.0cm　1,575円
カラー：ライトグレー、ベージュ、オレンジ

■ エミール・アンリ

エミール・アンリ ジャポン株式会社
☎03-3582-1495　http://www.emilehenry.co.jp/

フランス、ブルゴーニュ地方で1850年に創業された、老舗耐熱陶器メーカー。地元で採取した良質の天然陶土を使い、熟練した陶工家によって手作りされる製品は、保温性、耐熱性に優れ、衝撃に強く耐久性も抜群。容器の上で直接カットしてもキズがつきにくく、汚れ、焦げつき、においも簡単に洗い流せる。

クラシックカラー シリーズ

デイリーユースに安心して使える、シンプルでタフな器。

材質：耐熱陶器　耐熱温度：−20℃〜250℃

角型ベーキング皿（M）
19.0×14.0×4.5cm　2,625円
カラー：イエロー、ブルー、レッド

オーバルベーキング皿（S）
18.5×12.5×3.5cm　1,575円
カラー：イエロー、ブルー、ホワイト、レッド、ローズピンク、パープル、オレンジ、グリーン

ラメキン（S）
φ9.3×4.6cm　840円
カラー：イエロー、ブルー、ホワイト、レッド、ローズピンク、パープル、オレンジ、グリーン

2011年7月現在の情報です。商品の値段、内容は変更になることがあります。

荒木典子（あらき のりこ）

神戸生まれ京都育ち。大学卒業後OLを経てフランスに留学。帰国後、大阪の調理師学校で学び、調理師免許、ふぐ調理免許を取得。同校に勤務後、東京の出版社で料理書の編集に携わり、料理研究家として独立。季節感を大切にした「丁寧でシンプルな料理」がモットー。自宅でおもてなし料理教室を主宰。著書に『いちばんやさしい！ いちばんおいしい！ テリーヌ＆ムース』（日東書院）、『もっとおいしい！ ルクエ スチームケースケース』、『みんなが喜ぶ 持ちよりレシピ』（ともに成美堂出版）など。http://plaza.rakuten.co.jp/cuisine

Staff

アートディレクション◇大藪胤美（フレーズ）
デザイン◇横地綾子（フレーズ）
撮影◇三木麻奈
編集・構成・スタイリング◇関澤真紀子
企画・編集◇成美堂出版編集部（森 香織）

グラチネ ～アツアツのグラタンを召し上がれ

著　者　荒木典子（あらき のりこ）
発行者　風早健史
発行所　成美堂出版
　　　　〒162-8445　東京都新宿区新小川町1-7
　　　　電話(03)5206-8151　FAX(03)5206-8159
印　刷　凸版印刷株式会社

©Araki Noriko 2011　PRINTED IN JAPAN
ISBN978-4-415-31160-9
落丁・乱丁などの不良本はお取り替えします
定価はカバーに表示してあります

・本書および本書の付属物を無断で複写、複製（コピー）、引用することは著作権法上での例外を除き禁じられています。また代行業者等の第三者に依頼してスキャンやデジタル化することは、たとえ個人や家庭内の利用であっても一切認められておりません。